eye.

守望者

———

到灯塔去

大学，有什么用？

What Are Universities For ?

剑桥教授为
大学教育一辩

Stefan Collini

〔英〕斯蒂芬·科利尼 著

张德旭 译

南京大学出版社

江苏省版权局著作权合同登记　图字：10 - 2022 - 104 号

图书在版编目(CIP)数据

大学，有什么用？：剑桥教授为大学教育一辩 /
（英）斯蒂芬·科利尼著；张德旭译. 一南京：南京大
学出版社，2023.6
书名原文：What Are Universities For?
ISBN 978 - 7 - 305 - 26841 - 0

Ⅰ.①大…　Ⅱ.①斯…②张…　Ⅲ.①高等教育－研
究　Ⅳ.①G64

中国国家版本馆 CIP 数据核字(2023)第 052985 号

出版发行　南京大学出版社
社　　址　南京市汉口路 22 号　　　　邮　编 210093
出 版 人　金鑫荣

书　　名　大学，有什么用？——剑桥教授为大学教育一辩
著　　者　[英]斯蒂芬·科利尼
译　　者　张德旭
责任编辑　章昕颖
照　　排　南京紫藤制版印务中心
印　　刷　江苏凤凰通达印刷有限公司
开　　本　880mm×1230mm　1/32　印张 9.5　字数 160 千
版　　次　2023 年 6 月第 1 版　2023 年 6 月第 1 次印刷
ISBN 978 - 7 - 305 - 26841 - 0
定　　价　68.00 元

网　　址：http://www.njupco.com
官方微博：http://weibo.com/njupco
官方微信：njupress
销售咨询：(025)83594756

＊ 版权所有，侵权必究
＊ 凡购买南大版图书，如有印装质量问题，请与所购
　图书销售部门联系调换

谨以此书献给我的同事和学生

目 录

引 言   001

I

1   全球综合大学?   013

2   英国的大学:一段简史   036

3   有用与无用之争:纽曼思想重探   065

4   人文学科的品格   096

5   最远大的抱负和理想:作为公共

     品的大学   133

II

序曲:倡议的时机   171

6   文献计量学   178

7   与企业类比   195

8   英国高等教育公司   225

9   影响力   246

10   布朗的冒险   260

跋语:复杂的遗产   282

参考文献   288

致 谢   292

引　言

问某物**有什么用**（what something is *for*），到头来往往是自讨苦吃。首先，这么问有危险，它似乎把一项复杂的活动或一个复杂的机构，简化为单一而狭隘的用途。比方说，"爱有什么用"或"国家有什么用"，针对这类问题，任何简短而富于启发的答案都难免令人生疑，因为我们马上感觉到，这些答案总是混杂着使人厌倦的陈词滥调和个人的倾向性。其次，这么问会招致一个后果，即任何答案都可能诱发同样的问题——"好吧，但**那个**又有什么用？"于是问题接二连三地抛出，没完没了。当推理之球开始沿着辩解的斜坡滚落，我们意识到，其可能的终点是一个淤积了抽象名词的烂泥塘，答案的特异性尽失；任何中间的停靠站都难免主观武断，故而易受影响，一旦有人轻轻一推，球的轨迹就会发生改变。这种状况使人想起一部老卡通片，里面描绘了一个桀骜不驯的早熟小孩，他双手抱住脑袋，双肘杵在厨房餐桌上，对站在身旁的恼怒家长说："我只是观察到，你所说的'因为 A 所以 A'①似乎包含一

---

① 原文是"Because is why"，常用于家长对孩子的质问所作的反驳，用以结束争论，不再进一步给出辩解的机会或理由。比如，当小孩不听话，拒绝吃早餐，家长命令他必须吃，孩子回嘴说："我根本不饿，为什么还要吃早餐？"家长不耐烦地反驳道："Because is why！"意思是"因为你要吃早餐所以你要吃早餐"。（本书若无特殊说明，脚注均为译者注）

个隐藏的前提。"历史没有记录这个孩子后来是不是成了一名卓越的哲学家（或是否真的活到了成年）。

然而，若把某物的"作用"理解为一种解释策略、一个讨论起点而非最终裁断，那么这个问题不失为一种途径，帮我们清除任何被广泛使用的范畴周围堆积的杂乱无章的话语碎片。或许，正是这样略显执拗乃至咄咄逼人的提问方式，才能刺激我们反思，促使我们理清杂乱思绪，并思考如何做出有益的回应。因此，最明智的做法，可能不是对狭隘的问题穷追不舍，而是让思考自行蔓延，沉思可能被某个术语遮蔽的多样性，斟酌一系列的描述和界定方式，或揣摩种种历史实例，而非寻求单一的、决定性的观点。毫无疑问，这将是本书采取的策略。如果所述的原初问题——"某物有什么用？"——有助于开启这样的一连串反思，让我们得以远离新闻故事和评论专栏里反复使用到令人麻木的陈词滥调，那么该问题就已经达到了它的目的。约翰·梅纳德·凯恩斯曾经问道："经济学有什么用？"他利用这个著名的问题提醒读者，追求财富本身不是目的，追求财富只是使人们过得"明智、愉快、安好"的手段而已。[1]凯恩斯的例子不仅启迪心智，也颇为契合本书所要讨论的内容，因为探讨大学在当代社会的地位，势必要阐明——哪怕只是初步阐明——财富积累之外的某种人类意图。

毫不夸张地说，当下关于大学的公开讨论，基本可以简要归纳如下：大学若想获得更多资助，就得拿出正当理由，证明这些经费有助于大学赚更多钱。这样的观点令人沮丧。本书试图从别的角度入手，用一种不同的方式来谈论大学。

显而易见，我的论点可能招致误解和歪曲（我早前沿着这一思路进行论证时，曾遭受挫伤，至今仍未痊愈）。请允许我在这里申明：我相信，我和几乎所有在大学里工作、关心大学发展的人一样，从未低估大学的费用开支，也从未想当然地以为，大学得到巨额资助乃天经地义之事。人们当然需要论证大学的价值及重要性，但需采用适宜的论证方式，不能主要从经济的角度论证，更不能仅限于经济角度。我们还需要从思想的、教育的、科学和文化的角度去论证大学的价值和重要性。另外，必须强调，高等教育属于公共品，它带来公共利益，而不只为偶然参与其中的那些人提供私人福利。因此，在为大学辩护时，将之描绘为只代表在校学生和教职员工的小群体事业或自利性质的事业，实乃谬论。

本书认为，倘若我们仅仅聚焦于经费所产生的经济效益这一具有局限性和临时性的指标上，我们将无法辨识大学的独特品格。同样，有人认为思想探索是一种奢侈行为，其经济效益有待证明；基于这样的预设来谈论大学的价值，我们就无法真切地领悟思想探索的真正品格和趣味所在。若仅从当下对受教育机会或权利的关注切入，我们也无法充分理解，相对于其他形式的教育和培训，大学教育究竟包含什么，或者应该包含什么。"经费""影响力""受教育机会"成为讨论问题的出发点，它们时而单独出现，更多时候构成三位一体，表明个人立场的现实主义和与时俱进。无论以何种方式出现，这三个词完全主宰着今日英国政界和媒体就大学展开的公共讨论。实际上，这些都是次要议题，尤其是后两个词，它们只不过是转瞬即逝的套话，是政客针对某些社会态度所做的拙劣表达，因为他们觉得迎合这样的社会态度于自己有利。当我对这些时兴的词提出异议，如我在本书的第二部分所做的那样，我所关注的是词语背后的种种隐含假设，而无意于（除非不经意为之）推荐可供替代的备选方案。

第一部分是本书的主体。我首先概述大学在当代社会的地位，然后在第二章中简论英国高校当前状况的历史成因。在第三章中，我先与约翰·亨利·纽曼的经典文本《大学之理念》展开对话，进而探讨"博雅教育"理念与提升人类理解力之间的关系。为使论证进一步深化，第四章着眼于人文学科的本质和作用。毋庸讳言，聚焦人文学科，不是因为我相信它们比自然科学、社会科学在大学中占据更为核心的地位，而是因为人文学科的特质和价值通常没有后两者那般深入人心；另一个原因是，人文学科是我本人极为熟悉的领域。在第五章，我将与当下关于大学之功用的主流意见展开开诚布公的辩论。在本书的第二部分,我采取了不同的论证策略:通过几则实例分析,我展示了,我们在对官方近年来出台的高校政策的批评中如何借机将关于大学的本质和作用的恰当说法渗入公共话语之中。总体而言,第二部分的各个章节篇幅更为短小,笔锋更为讥讽,观点更具投机性;它们力图把第一部分概述的宏大议题运用于当前的争论,犀利地回应时下的热门话题。此外,在第二部分的各个章节中,我们见证了历届政府——无论隶属于哪个党派——在过去的二十年间如何以愈演愈烈的方式将经济议程强加于高校。

本书就大学所表达的见解,部分源自我对实践的反思,因此我应该在本书的开头指出我所亲身经验的实践。广义而言,我自己的写作和教学一直处于文学与历史的交叉领域。具体而言,我的工作主要关注英国19世纪和20世纪(现在也研究21世纪)的文学文化和思想文化的某些面向,包括英国高校的历史。假如我的学术背景是哲学或音乐、古典学或艺术史,那么我对大学的见解无疑会大不一样;假如我的学术背景是社会科学或自然科学的某一领域,我对大学的见解可能会迥然不同。应当承认,我所借鉴的经验皆取自相对有利的工作环境。我1970年代中叶至1980年代中叶在萨塞克斯大学工作,随后来到剑桥大学,它们都是声誉卓著、(大体上)资助充裕的高校。我意识到,任何在这类机构工作的人都应当时刻牢记：教学和学术活动的开展，在别的高校可能遭遇大得多的限制和约束。

我相信本书探讨的诸多议题，在某些国家的高校中也颇为常见，因此我希望本书的观点能够在面临相似问题的别国读者那里引起共鸣。不过，本书的主题和实例主要源自我在英国高校的工作经验，相应地，我的论证方式力求参与当代英国就高校议题展开的公共辩论——我认为这并无不妥。我所表达的见解在多大程度上适用于别国的高校、切合它们那里关于大学的公共辩论，恐怕只能交由对此有更多认知的专家来定夺。我多年来就英国高等教育所撰写的文章，常常获得世界上其他地方的积极回应，这让我觉得，找到富于启发的相似点并非难事。

《大学，有什么用？》既不是官方的白皮书，也不是哲学专著。它最接近的文类是论辩文（polemic），而后者则与讽刺文学、哀诉文学①、宣言，以及文化批评领域的论说文（essay）等文类多有重合。这些文类与读者订立的契约，建立在说服力这一原则之上。它们并不试图通过逻辑上的不可辩驳（logical indefeasibility）或实证上的无所不包而强迫读者赞同认可，它们的论据也并不依赖于完美可行的提议。相反，这些文类旨

① 英文是 Jeremiad，美国文学中的一种次文类，通常以散文或诗体的形式，表达作者对社会问题和道德状况的哀痛和抨击，并包含腐朽社会终将灭亡的预言。

在吸引读者去关注、辨识那些迄今为止被人忽视的、被不实描述的、被低估或被压制的内容。在某种程度上，这样的辨识过程总是诉诸读者已经一定程度了解的东西——否则，所描述之物就不会被真正辨识出来。我希望诸位读者会觉得这本书既长见识，又令人信服。最重要的是，我希望读者能从中辨识出一个能打动自己的关于大学存在的理据，唤醒半掩埋于内心深处的关于大学宗旨的直觉，进而宣扬这一大学宗旨，使之在公共领域产生影响。

I

1

全球综合大学？[①]

1

21世纪初，世界各地的大学都陷入一种自相矛盾的境地。在人类历史上，大学从未如此重要，大学的数量从未如此众多，大学却也从未如此缺乏信心、丧失身份。一方面，它们比以前获得更多的公共资金；但另一方面，它们比任何时候都充满防御性，需要为自己在公众中的声望和地位而辩护。与刚刚过去的上一代人相比，如今全球高等学府的在校生数量翻了好几番，但人们对大学教育所能提供的（思想和物质方面的）益处，却产生了前所未有的怀疑。在有些地方，大学被誉

---

① 英文标题为"The Global Multiversity?"这里的 multiversity 与 university 相对照，强调多元性（*multi-*），指大型综合大学，或多科性大学。

为技术进步和经济繁荣的引擎——为了追求这两个目标，发展中国家迅速建立了多所大学；而在另一些地方，大学却因"任性放纵""保守落后""精英主义"而遭受攻击。

这些矛盾冲突，根据当地情况和文化传统而呈现出不同的形态。然而，近几十年来，世界各地大学的扩张规模之宏大，表明人们对这些机构寄予厚望，乃至过高的期望——这些期望可能并不符合它们的设计初衷。那些大力筹建新大学的社会，希望大学成为经济发展的动力源，因此它们在谈论大学的时候，往往传达出一种积极乐观的态度。相比之下，更为富有的西方社会在谈论大学的时候，就没那么乐观了。西方大学历史悠久，崇尚自由开放的知识探索——这是它们迄今为止的独特传统。然而，近年来，拥有现代市场的民主国家频繁发布实用主义话语，对这一传统的态度变得愈加不耐烦。在西方大学，从事技术、医学、其他专业性学科的人士，一般要比从事人文学科，乃至很多"纯"科学分支的同事对未来更信心十足。可想而知，对于新加坡的一位会计学和商科教授，或武汉某高校的一位冶金学教授来说，他们可能感到大学从未像今天这般受人欢迎，获得如此丰富的资源。相形之下，对于美国俄亥俄州的中世纪史教授，或英国谢菲尔德的德国文学教授来说，他们可能觉得自己所属的学科，以及他们的职业，从未像今天这般岌岌可危，不受人待见。

高校在近几十年来的大规模扩张，不仅涉及学生数量的增长，也涉及学科范围的扩大和机构种类的增多。因此，我们若要在"大学"一词的使用上做一名纯粹主义者，坚守该词的正统用法，必然为时已晚。无论怎样，"大学"现在被用来描述中学以上(post-secondary)的五花八门的教育机构。这些机构行使几种重要的社会功能，譬如职业培训、技术转移；也推进几个令人钦佩的社会目标，譬如灌输公民价值观念、促进社会流动。本书绝无任何贬低这些功能和目标的意思，也绝不否认它们在许多国家的几种高等教育机构中的存在合理性，及其所起的重要作用。不过，毫无疑问，它们不是大学的独特之处或定义性特征。当我们问大学是干什么的，我们显然是要在一个迥然不同的层面上反思大学的品格。这里，我并未假定一所理想大学的存在，也不是说"真正的大学"在过去存在，如今被削弱和扭曲得面目全非。我要问的是，我们今天应当如何理解并描述大学所行之事的独特性，即大学与中小学、研究实验室、学术协会、博物馆等机构的区别性特征（尽管它们之间不乏共同点）。

人们讲述的关于大学的历史，存在耐人寻味之处："大学"这一标签或概念所携带的声望和影响力，是欧洲和北美的高校在19—20世纪逐渐赢得的，而有的国家却用"大学"指称与这些欧美高校毫无共同点的机构，比如，中学以上的培训机构也被冠以"大学"之名。与培训机构形成鲜明对比的,是另一种类型的机构,其宗旨超越了——最起码不同于——培训本身。为何这种机构更有资格以"大学"自居?一种解释是,它似乎与最初赢得声望的那类欧美高校更为接近,因此更有资格自称"大学"。无论如何,当今的大学几乎从不把自己命名为技校、教师培训学院、农业学校之类,也不会吸收这些机构的特色——这种效仿总是反过来的。这里,我们需要思考的是,"大学"除了其本身散发的威望,还具备哪些特质。

大学不仅在不同的文化传统和思想传统间运作,其与所在国家的关系,特别是财务关系,也各不相同。在美国,一所资金充足的私立大学,可以通过研究基金和特殊项目,从联邦基金(Federal funds)那里获得资助,这些间接获得的资金在其总收入中占据相当大的比例;实际上,这类私立大学仍是一家独立企业,可以自由设定目标、增加收入。同样,在美国,一所中等规模的州立大学的未来,几乎完全由州议会中摇摆不定的当地民意所决定。英国大学几乎全部依靠公共资助,虽然后者提供的钱款伴有越来越严苛的附加条件,但迄今为止,历届政府尚能尊重大学章程里订立的自治原则,基本允许高校自行决定其内部事务,包括学术学位的设置。在许多欧陆国家,大学可能在法律上有义务录取任何具有高中文凭的学生,它们直接听命于全国教育部长或区域教育部长。这样的高等学府,被视为政府推行其官方政策的工具,肩负诸如促进社会同化、灌输公民理念等使命,而精英教育和科学研究通常集中在"大学校"①和国立研究机构。在亚洲、中东和拉丁美洲的一些地方,大学实际上是国立工学院,专攻诸如工程学和农学等学科,而与之并立的则是完全私立的高校,专攻经济学和商科,其财政收入主要来自较为富裕家庭子女的学费。对此话题进行宏大思考之时,我们常常不假思索地使用"大学"一词,好像这些不同类型的机构全都共享某种深层理念或本质似的,然而面对上述一连串令人眼花缭乱的机构时,我们就发现,弄清楚"大学"的内涵并非易事。

学习科目和研究课题的激增,使定义"大学"这项任务变得更加艰巨。实际上,很多大学早已开设了人文科学和自然科学领域传统核心课程之外的课程,但近几十年来,此类课程的数量显著膨胀。高尔夫球场管理的文凭与软件设计的硕士学位共舞;新生儿护理方向的教授职位与遗产研究方向的博士后研究员职位齐飞。此外,大学不仅是政策建议的枢纽,还日益成为创意和表演艺术的中心,而与此同时,在深受盎格

---

① 原文为法语"grande école",中文也译作"专业学院"或"高等专业学院",是与公立综合性大学不同的高等教育体系,有自己独特的录取方式和目标定位。"大学校"的规模小、专业性强、录取难度大,被广泛认可为法国的精英教育。它主要包括工程专业学院、商科专业学院、高等师范学院三大类。巴黎高等师范学校、巴黎政治学院、巴黎综合理工学院、国立巴黎高等矿业学校、巴黎高等商学院等,就是这三类"大学校"中的佼佼者。

鲁-撒克逊传统影响的国家,大学可能也是培养体育才能、取得体育成就的重要温床。"综合大学"(multiversity)一词是由时任加州大学系统的校长克拉克·科尔(Clark Kerr)于1963年首次提出的,用于精准描述一所知名的研究型大学正在开展的种类繁多的活动。[1]他当时可能有点半开玩笑半认真的意思,作为一个标签,这个词语并没有火起来,但我在本书中几次用它来标示我对大学多元性的认可。

出于某些理由,我们可以从书名(*What Are Universities For?*)中的复数形式得到提示:既然"大学"这一标签已被用来形容如此多样的高等学府,我们就不该为其寻找单一的答案。不过,我觉得对于多数读者来说,这无疑是回避问题的说辞。那么,我们应当如何恰如其分地描述大学,才能使之合乎当下极其多样化的现实呢? 显而易见,我们寻找的不仅是统计摘要或分类总结,而是能够抓住属于大学本质的东西。正是由于大学的特异性,人们才能在其中教书育人或学习知识,获得与众多其他社会机构全然不同的独特体验。

2

最起码,现代大学应该具备以下四个特征:

1. 它所提供的中学以上的"教育",不止于职业培训。

2. 它追求高深学问,促进前沿研究,大学的特质不完全受制于解决眼前的实际问题。

3. 这些科研活动的开展,并不局限于某个单一学科或范围狭窄的学科群。

4. 就思想活动而言,它享有某种形式的高校自治权。

这样的描画固然单薄,但已初显这种类型的大学令人向往的原因了。上述四个特征难以详述,却极为诱人,其所暗示的广阔范围和高度自由,为办学条件受限的高校所欠缺。现代大学与其他机构形成的隐含对照,构成了这四个特征的结构化原则。与此同时,即便这样的初步盘点,也能透露出大学在其所在国家可能招致麻烦的原因。就其本质而言,大学似乎必然要一直超越社会为其设定的任务菜单。大学从事的主要活动具有开放性,这使它们总是合理化其所开展的学术探索,哪怕这样的探索与大学的创建者或支持者的原初目标背道而驰。这不禁让人觉得,社会在建立大学之时,是否忘了签订一个浮士德式①条约:社会要求大学在多个层面上履行使

① 英文为 Faustian pact,中文又译作魔鬼交易,源于文艺复兴时期的学者浮士德,他为了获得超凡智慧和全部人类知识,与魔鬼梅菲斯特做交易,出卖了自己的灵魂。现在用来比喻一个人为了换取好处,不惜与邪恶集团做交易。

命、发挥作用，但大学若被赋予完成这些使命所必需的思想自由，它们总会趋向于超越这些初始目标，乃至颠覆之。譬如，有的地方可能会安插"外行"的大众代表，或（在更为中央集权的国家）任命政府官员，让他们加入治理委员会和其他监管机构，但他们无法有效管控大学图书馆和实验室里发生的一切。社会想要大学的学者和科学家拓展人类理解范围、发现新知识，然而这些探索活动有自己的逻辑，若社会出来否定或反对这样的逻辑，则可能损害探索活动本身。当然，在某些情况下，如果科研和写作过于偏离官方的脚本，社会就可能采取极端措施，出面阻止这类离经叛道的活动。譬如，有的地方为了杀一儆百，杀死几个教授也在所不惜。不过，在自由开明的社会，如此极端的手段是被人不齿的，需要找到一个更为微妙的办法，来处理社会主流目标与难以控制的求知欲之间的矛盾关系。

除了上述四个基本特征，大学（至少是拥有主要学科的博士项目的大学）还有一个更为独有的特征，它使社会的其他势力难以对大学施加分寸适度的管控。大学是极少数可以选择和塑造自己未来员工的社会机构，这一点构成了此类机构存在的理据之一。中小学教育所有人，培养和准备未来的中小学教师不属于其主要职责。公司当然招聘新员工，培训必备技能，但这只是次要任务，而非其存在的主要理由，生产产品或提供服务，并从中获取利润才是。相比之下，培养未来学者和科学家不仅是大学的应有之义，也是大学的本质所在。教育某人追求永无止境的探索，寻求对事物的深度理解，就是为他将来的独立自主做准备。外界人士很难说清楚，这样的职业准备到底应该如何贯彻；因此，大学与多数其他社会组织不同，学术职业必然显得自我专注、自产自销（self-recruiting）——这其实是大学的本质使然，而非一种病态的自恋。

大学诸多方面都令人困惑、捉摸不透，于是人们试图对其进行描述之时，往往诉诸司空见惯、易于理解的概念，误将两者等量齐观。其中最常见（因为听起来十分合情合理）的误解可能是：大学不过是某种类型的学校和某种类型的科研实验室之间基于互利关系的联盟。两种机构之间当然存在连续性，但更重要，也更有趣之处，则是两者之间的不连续性。一个简明（因而差强人意）的表述是：小学生被动接受教育，而大学生主动学习。在大学里，本科生初次接触适于不同学科的探索模式；理想情况下，他们不仅掌握了大量信息，还应该具备挑战人类对某一课题的既有理解并加以拓展的能力。出于这个缘故，大学教学存在一个极大的悖论，它需要**命令**学生"要有独立自主性！"为了掌握某一学科的科研方法，学生需要接触这类科研工作的范例，然后在榜样的鼓舞和激励下，创造出自己的作品。这样的作品不是依葫芦画瓢，而是领悟了榜样的"授人以渔"后的个人原创。为了做到这一点，学生需要对特定学科的工作有所了解：仅仅勉励他们去追求真理、培养准确性、清晰地表达自我，则是无法实现预期目标的——尽管在哲学领域，鼓励学生对这些抽象言辞本身进行细致的剖析考察，可能是哲学教育的起点。

某些大企业或慈善机构——特别是支持医学研究的大企业和慈善机构——所供养的科研实验室，酷似大学的科学系或部的实验室，两者在理念和人事方面有诸多交换往来。两者的主要差别体现在背景和范围上，当然精神特质上也时而显露差异。不隶属于大学的科研实验室，其目标的订立往往受到母公司的严格限制。诚然，大企业鼓励高素质的科研员工对其现有产品进行改进和完善，乃至鼓励他们突破这一领域目前的知识边界，以期产生新想法，并最终转化为新产品。在信息技术业或航空航天业等领域，能在实验室做出奠基性工作的科学家，调入大学的计算机系或工程学系，可能有宾至如归之感（尽管大学的经费不如企业那么充裕）。然而，企业的研发团队所能从事的科研活动范围是受限的，它们的重点研究项目也总是部分寄生于大学所从事的更为开放的科研探索。企业的科研实验室可能时而培训员工学习特定技术，甚至临时雇佣博士生或博士后研究员，与本单位的员工并肩合作，但它们大体上依靠大学给它们提供高素质的科学家。微软公司、波音公司、英国石油公司或其他高科技行业的大企业可能有助于推进某些领域的知识，但它们无法像大学那样发挥作用，它们的股东想必也不容许公司做出这样的尝试。

大学与其他机构的类比，就没有大学与企业之间的类比那么流行和常见了。但也正因为此，这样的比对反而更富于启发性。就其本质而言，大学非常接近博物馆或美术馆。这一点超乎人们通常的认知，可能会让大学的辩护者感到不适，因为他们无疑会担忧，这样的类比将会使大学显得过于保守或自满，过于"后瞻"（backward-looking）——"后瞻"是当代正义词典里常见的谴责性词语。不过，仔细想想，我们可能得承认，我们所反思、所试图理解之物，其中大部分必然发生在过去。就其与时间的关系而言，我们可以在科研实验室与博物馆之间做一个简单的比照：前者面向未来，重视发现新事物；而后者则关注过去，重视保存旧事物。然而，这种耳熟能详的对照不仅忽视了博物馆对不断变化的人类理解力的表达，忽视了博物馆是各种知识进步的发源地这一事实；更重要的是，它也忽视了任何科学共同体都深嵌于——乃至形成于——上一代人的观察和实践中。况且，两个机构都不存在于真空中，他们需要庞大的文化基础设施，其中不仅包括馆长、保存者和研究员所需的旷日持久的教育，也包括给他们提供广泛支持的学术界和科学界。"博物馆或美术馆有什么用？"这一问题有助于我们思考大学本身,原因之一恰恰在于,它提醒我们,答案并不仅仅取决于这一代人的利益和兴趣。所有的保存工作,所有的传递或传承,乃至所有的探索,都完全受到其与未来的关系所支配。

尼尔·麦克格瑞格①是大英博物馆的馆长,他最近评论道,博物馆的目的是"让人们在物中占有一席之地"。历史学家大卫·伍顿(David Wootton)对这一看法表示称赞,并补充道,历史学科的目的是"让过去在我们心中占有一席之地"。[2]某种层面上,这些刻意为之的警句不见得有多言微旨远。但在另一个层面上,它们确实指向了博物馆和大学的共通之处:两者都使个体在世界上找到自己的位置——尤其是在时间中找到自己的位置——成为可能。当然,这不单纯局限于人文学科。物理学和天文学,或者心理学和人类学所从事的探究,与文史哲所从事的探究一样,也完全可以说成是帮助人们"在物中找到自己的位置"。

就当前的讨论而言,大学与博物馆之间的共同点还可以用来阐发另一个重要观点。博物馆在推出各式各样的所谓"文化景点"的时候,与大学提供的多种多样的教育一样,极为

---

① 尼尔·麦克格瑞格(Neil MacGregor,1946—),英国艺术史学家,曾担任《伯灵顿杂志》主编(1981—1987)、英国伦敦国家美术馆馆长(1987—2002)、大英博物馆馆长(2002—2015)等职务。

强调内容对于相关公众的"易懂性"（accessible），确保公众不会因为内容太陌生或太困难而吓退。不过，在强调"易懂性"的同时，也总是要强调陌生之物，或最初难以理解之物所具有的吸引力，从而达到一种平衡状态。我这么说，并非是在鼓吹故弄玄虚的晦涩或令人生畏的困难，而是在承认一个事实：对很多人来说，一个客体（或一个想法）的纯粹他异性，可能是其魅力之源。与其再一次经历熟悉之物的不同版本，不如试图去理解陌异之物，虽然它一开始会抗拒我们思维里原有的范畴，却能充分调动我们的大脑，吸引我们的注意力。如果一家博物馆仅收藏人们能轻而易举产生"代入感"的馆藏品，它就无法开发和刺激人们的想象力；同理，如果一所大学对何谓"有价值的"或"有吸引力"的课程抱持过于狭隘的看法，那么大学课程就丧失使人惶惑不安、进而延展思维的效果。在事关增强理解力的问题上，无论是对处于成长过程中某一特定时刻的个体的理解，还是对处于历史进程中某一特定时刻的社会的理解，我们必须要为困难和陌异之物开辟空间，切莫低估残忍静默的时空废墟对于人的智力和想象方面产生的教育力量。

除此之外，大学和千差万别的机构在其他方面也可能有相似之处。比如，大学与智库、表演艺术中心、学徒计划（apprenticeship program），以及与体育俱乐部、社区中心、婚姻介绍所等，都存在某些共同点。另外，人们常说，大学是大型雇主，是地方经济繁荣的主要缘由。不过，所有这些比照，只是注意到了大学的附带而非本质性的特征，这些特征所起的作用附着于大学的主要任务，即通过教学与研究提升人类的理解力。人们也常说，在拥有傲人体育传统的某些规模较大的美国高校，足球教练的薪水比大学校长还要高。众所周知，这些大学依赖校友和捐赠者的慷慨支持，而"体育成功"在维系这一特殊的地方爱国主义①方面发挥着很大的作用，这正是体育教练拥有高薪的原因。透过不同的文化视角，我们不难看出，教练高薪现象是系统性商业主义的又一例病态表征。但无论如何，我认为没有人会声称，足球或任何其他运动是大学的核心使命或大学与众不同的定义性特征。同样，大学的特色，不在于它是青少年体育运动造诣的培训中心或廉价啤酒的供应者，也不在于它是提供就业的大型雇主、衍生公司的缔造者、提供政策建议的智库——这些都是大学的附带特征而非本质特征。顾名思义，当代的"综合性大学"开展丰富多彩的活动，但这并不意味我们就无法将其核心职能与其他职能区分开来。大学的"其他职能"，一方面包括大学围绕其核心

---

① 英文是 local patriotism，表达一个人对家乡或某个地区的热爱，与人们对国家或民族的热爱区分开来。此处，作者用"地方爱国主义"表达校友和捐赠者对某所大学或大学所在地区的热爱，本校体育的成功会增强他们的这种自豪感和荣誉感，进而愿意给予大学更多资助。

职能开展的各式各样的次要活动；另一方面也包括大学的核心职能的副产品或间接结果所产生的社会经济效应。

3

然而，当今世界日新月异，高等教育世界亦瞬息万变，大学的核心职能真的具有可持续性吗？当代人每每做出反思，似乎最后总会将问题归结为社会和经济的加速变革，这几乎成了思考问题时的一个典型特征。事实上，前几代人亦如此，他们也认为自己所处的时代变化迅猛，旧真理因此遭受质疑。尽管如此，我们首先必须就事论事地解决问题。如果我们问"大学何为"，难道我们不应该认识到，大学的性质和宗旨已经被全球化彻底改变了吗？难道我们不应该抛弃19世纪欧洲的大学理念，转而聚焦于欧洲模式的美国化版本如何在亚洲生根发芽吗？亚洲的大学脱胎于美国大学，以技术学院、医学院、管理学院为头部学院，最强有力地体现了21世纪的大学理念。

很多人喜欢在各种各样的名词前面强加"全球的"这个形容词，在许多情况下，此举既表明敷衍了事，又暗示宣传炒作。该词现在被视为"国际的"同义词，但听起来更富戏剧性。我们不妨保留这个词语,用它的原意来表达我们的观点。如果某一模式或某种发展在不同国家呈现出足够普遍的相似性,且这些相似性源于共同的致因(尤其是经济发展方面的原因),那么用"全球的"来描述之是有道理的。既然学术和科学本质上是超越单一国家的多国活动,我们总能看到这样的实例:一个国家的大学,学习或模仿另一个国家的大学;自 19 世纪末以来,由于欧洲帝国的存在,欧洲国内的办学模式被移植到世界的其他地方。不过,在 20 世纪的最后几十年里,一个可能较新的现象出现了:几乎所有"发达"(以及某些发展中)国家的高等教育在规模上发生了同步变化,并且同时引入了类似的组织和财务安排,这些安排不仅超越了现有国家传统的界限,有时还从根本上违背了这一传统。这种现象在过去的十年中更为显著。

最近的一项比较研究总结了大学变迁的主要特征,通过拟定两份清单(以分列要点的形式呈现),对照 20 世纪中叶和当今的高等教育体系中,分别有哪些因素在发挥作用。[3]并非所有列出的要点都具有同等重要性或准确性,但这一对照的大致方向肯定是对的,能带给我们一些启发。

第一份清单的标题是"五十年前影响高等教育的主要力量",具体内容如下:

大众化高等教育体系的初创期

高等教育大体上被视为一种公共品

有限采用国际高等教育模式和实践,把高等教育视为国家文化的传播和延展

全国市场和区域市场对本科生、大学声誉的需求

大学的高度自治权——有限的问责制措施

政府与高等教育界成为合作伙伴

国家认证和质量评审

传统的教学法——有限的技术采用

大量政府补贴

小型营利部门——大部分在美国

科学共同体迅速发展的开端

对跨国知识共享与交流所施加的限制

第二份清单的标题是"新全球化",与第一份清单进行了点对点的比照:

在大多数发达国家,大众化高等教育体系的成熟期

高等教育越来越被视为一种私有品

加速普及和融合国际高等教育模式与实践,把高等教育视为全球化的延展

国际市场和多国市场对本科生、大学声誉的需求不断增大

大学的自治权不断降低——责任措施不断增多

政府与高等教育界成为对立面

可能取得国际认证和质量评审

不断变化的教学法——技术采用不断增多

拒绝政府补贴——提高学费，日益多样化的资金来源/私有化

营利部门日益增多

科学共同体已经建成

全球知识共享与交流

为风格较保守的报纸供稿的专栏作家，为了提高每周专栏内容的热度，频繁采用一个快捷而简易的文化批评秘诀：用昨日的标准来指责今日的事态。显而易见，任何人在书写关于大学的文章时，都可能会以第一份清单里列出的特征为美德基准，将第二份清单里列出的特征评判为失败。然而，这不仅是一种相当愚蠢、毫无意义的保守主义表现形式，而且未能注意到其所比较的两类特征的异质性。比如，我们看不出教学中使用"技术"，与客观中立地使用社会上已经普及的发明物有何不同：过去用钢笔代替鹅毛笔、用打字代替手写，并未

减损大学的核心宗旨一丝一毫，如今用文字处理技术代替打字也同样不会（当然，不可否认，目前信息技术的新性能，标志着教学与研究的变革）。另外，我们可能会问，把"科学共同体迅速发展的开端"追溯至五十年前，把"科学共同体已经建成"视为今日的新进展，是否真的准确？如今科学界的交流确实加速了，英语在世界范围内的使用无疑促进了这一点，然而这种所谓的变化，只不过是早在五十年前就已经存在的模式的深化，而不是对某个更正确或更纯正的标准的背离。相比之下，高等教育究竟是"公共"品还是"私有"品这一问题，需要我们直截了当地做出评判，并需要我们对社会的运作规律有更深刻的理解和把握。

从本质上说，两份清单上列出的一系列特征，表明相关参照群体的范围发生了变化，"国家"日益被"国际"所取代。这方面的一个明显例证，是学生的流动性增强。美国和英国一度是最受欢迎的留学目的地，但最近几年，新加坡和澳大利亚在内的其他国家成了区域招生大户。20世纪90年代末，澳大利亚的高校为了增加收入，把目光瞄准了海外留学生，其结果是海外留学生很快占据了学生总数的25％以上。然而最近几年，这个较高的百分比已经被英国、美国和其他国家的个别大学轻松超越，尤其在研究生方面，他们录取了更高比例的外国留学生（伦敦政治经济学院专门着眼于吸引国际研究生，截至

2010 年，据说该校 60％的学生来自海外）。大学国际化的另一个例证，是欧洲高等教育界出台的改革方案，比如《博洛尼亚协定》。人们对此可能了解不多，对英语国家的读者来说尤其如此。这个协定试图打通欧洲国家之间的教育壁垒，使原先在学位授予上遵循极为不同的分类方式和时间安排的国家，统一了获得学士学位、硕士学位和博士学位所需的学时，进而实现欧洲高等教育一体化。此类方案的推广，部分理由是它们有望促进各国高等教育体系之间的交流合作；基于同样的理由，有些高校强制推广"课程模块"（modules），并以之作为贯穿整个学期的教学模式。大学对国际参照物的高度关注，最惹人注意，也最恶劣之处，可能体现于其对全球高校"排行榜"的迷恋。为了自我宣传，高校很乐意引用排行机构做出的所谓调查结果，忙不迭地报道其中对自己有利的信息，而这些信息实际上毫无价值。这类数据在很多事项上没有严格的可比性，诸如"学生满意度"这样的意见调查，既主观又不充分，无法提供切实可靠的有用信息。另外，这些排行榜对需重金资助的"大科学"（big science）①给予过高权重，于是最终的排名情况透露的是不同大学的科学领域研究项目的开支水平，

① 一般而言，"大科学"指的是研究目标宏大、多学科交叉的基础科学研究项目。它的规模较大，往往需要昂贵的实验设备，以及多方国际合作，因此需要投入大量的资金。

而掩盖了比开支水平更难量化、却决定一所大学真正"优"于另一所大学的要素。

这些活动基本上毫无意义，人们为其赋予的意义，表明有两种力量直接左右着我们对大学之宗旨的探讨。第一种力量是一个想当然的假设，即大学陷入全球范围的竞争，彼此相互厮杀——这是本国经济参与全球竞争的一个缩影。谈及大学宗旨，这种假设在语言上透露出思维上的重商主义，好像别国企业的成功会减少而非增加本国财富存量似的。不可思议的是，在过去的二三十年里，这样的表述风格如此迅速而轻易地为人接受和采纳了，这对本质上具有合作属性的所有科学与学术来说都是有害的。第二种力量是人们对理性论证的日益不信任，以及对取代理性论证的量化指标的过度依赖。现如今，理性论证要么被视为掩盖特殊利益要求的幌子，要么被视为精英主义的傲慢，而数字指标则散发出精确性和客观性，与零和竞争的假设一道，能生成一个确定可靠的排名。大学校长现在像足球总教练那样，无不紧张兮兮地盯着大学排行榜，还经常援引自己所在高校的排名来证明其所倡导的政策转型的合理性。

于是，人们谈论大学，像谈论许多其他事情一样，开始遭受"冠军联盟综合征"（Champions League syndrome）的困扰。据认为，所有的"顶尖"大学都在同一个"联盟"里"打比赛"——我故意加了引号,以便让读者注意到这些耳熟能详的隐喻所带来的误导性。民族自尊心从来都是一种虚荣自负的轻浮品质,如今却被投注到大学上,于是人们寄望于自己的国家拥有能够打败美国强校的大学。同样,比赛的结果主要由生物、物理、医学等领域的研究来衡量,而这些研究的成果则主要取决于财政投入。某个机构可能是一所好大学,在其所在社会的智识生活中起着重要作用,但人们往往对这些方面置之不理。在英国,关于大学的讨论通常被简化为这样一个问题:牛津大学、剑桥大学和帝国理工学院,是否正在与哈佛大学、斯坦福大学和麻省理工学院"一争高下"? 在某些国家,人们着眼于如何使本土的一所或多所大学跻身世界高校排行榜"前五十"或"前一百"。至于挪威或瑞士的高等教育系统是否很好地满足了它们各自国家人民的需要这类问题,则无人问津(我是随机举例的,不是基于这些国家高教体系的特殊性)。此类问题的答案,无论如何也无法被转换成表格形式,因此无法以伪客观的形式给出。知识探索本质上的合作属性揭穿了国际"竞争"一说的不实;知识探索的跨国属性,早在"全球化"成为流行语之前就已经存在。简言之,"全球"和"综合性大学"两个词语,需要我们谨慎对待,乃至用怀疑的眼光去审视。

关于大学近年来发生的变化,一种解读方式是,在这些独特机构的悠久历史上,大学里的生活与其他大型组织里的生活从未像现在这般相像。传统上,人们试图描述大学宗旨之时,可能会援引人类知识探索方面的伟大的文化偶像的话,从雅典学院里的柏拉图,到 20 世纪的诺贝尔奖得主和获奖无数的学者;人们认为,这些偶像不受世界上的诸多压力所影响,他们的成就正是源于这种与世隔绝、心无旁骛的生活形态。然而,在当代高校的大多数院系里,学者淹没在数字的沼泽中,每天为审核账目而抓狂、为追逐项目资助而左冲右突,如此心烦意乱的生活不仅与古典理想中的沉思生活相去甚远,也与"教师联谊活动室"(senior common-room)的转喻意义所描绘的生活形态相去甚远。当今的资深学者——尤其是系主任或者研究中心的负责人——与独立学者或兼职教师相比,他们的工作体验可能更接近商业组织的中层管理人员,而在某些较差的大学里,在极端的情况下,初级员工和临时员工的工作条件可能与呼叫中心的工作人员不相上下。任何讨论大学的小书,都要对这些已变化了的情势给予承认和论证,本书也不例外。不过,本书对这些新情势所做的思考,不想简单重复旧观念和流行语。针对当代大学的状态,《大学,有什么用?》当然做了一番实事求是、有理有据的探讨,然而它从更远处着手,旨在激活我们对大学之本质和意义的理解——当下,这些正逐渐被人遗忘。

2

英国的大学：一段简史

1

　　每一位政客都是隐秘的历史学家，每一位不切实际的评论者亦如是。之所以这么说，不仅是因为所有针对高等教育的改革措施，与几乎所有的政策讨论一样，都取决于人们对当下世界运行方式的假定，还因为人们对大学所持有的每种立场，都是基于人们对大学"过去的样子"所做出的论断。大学的评论者往往固守大学的历史，而罔顾当下的现实，他们对大学的一己之见往往经不起现实检验。大学存在久已，参与讨论大学的人亦如是，他们倾向于认为，现在的大学与他们年轻时所认识的大学没什么两样。这些零零碎碎的模糊印象，可以用来支持关于大学的两种常见的极端立场。两种立场同样偏激,也几乎同样令人厌烦,但公众对大学持有的意见往往正是围绕它们而展开的。第一种是唱衰文化(cultural declinism)的哀叹之辞:"水准"在降低,"庸俗"在肆虐,"自主性"已佚失,连野蛮人都变得更为野蛮。第二种是美好新世界主义(brave new worldism)的乐观之辞:"挑战"和"机遇"比比皆是,"与业界的合作"令人向往,"问责机制"大行其道,我们都在铆足了劲儿地"投资未来"。探讨大学的变革,与探讨更为宏大的社会变革、文化变革一样;我们很难估量当下正在发生的变化,于是在受到这些极端论调的魅惑之后,很容易陷入这样的谬论:要么认为只要我们能回到记忆中1959年前后的大学,一切都会好起来的;要么提出更坚决冷酷的成本削减方案和更声势浩大的营销方案,以期能快点让"英国高等教育公司"为股东带来可观的利润。

有人试图对大学的"理念"做出定义性的陈述,归纳出大学的永恒本质,找出一个衡量当代大学发展(然后证明其不足)的标准。[1]尤其是上述第一种极端论调的支持者们,他们在这方面做出了诸多努力,也提出了一些富有成效的反思和批判。不过,他们中有些人怀着一种或保守或怀旧的渴望,想要"复归"高等教育大众化时代来临之前的那种大学,这往往削弱了他们对大学的反思和批判力度。他们的宣言备受争议,其中很多宣言似乎希望通过例行公事地援引纽曼的《大学之理念》，来抵御当代状况中最具威胁性的特征（在下一章，我尝试用一种全新的方式与这个维多利亚时代的经典文本进行对话）。目前尚未有人以"高等教育之理念"（The Idea of a Tertiary Education Sector）为题写出不朽之作，这不足为奇。事实上，人们从不同角度为大学所做的辩护，是社会发展和教育发展早期阶段残留下来的一系列遗产。谢尔顿·罗斯布莱特（Sheldon Rothblatt）是英国高等教育领域最优秀的学者之一，他几年前曾反复指出，我们所力图定义的理想大学教育，其实是"各种原则和价值观的结合体，它们在本质上有着不同的历史渊源，以及迥然相异的文化意义和文化意图"。[2]

罗斯布莱特所言非虚。我们时下所见的种种看似与历史无涉的论断和声明（关于何谓"真正"的大学，或"正规"的大学教育应该是怎样的），都可以与某段历史相衔接。经进一步查验，我们发现，这些先发制人的定义通常是基于一些选择性的细节，譬如定义者只是想到了某些英国大学在 20 世纪 50 年代和 60 年代的运作方式，就从中抽取出若干细节加以编织，而不顾这些细节背后的社会状况。同样，在围绕大学经费——尤其是学生资助——的讨论中，人们往往认为，当下正在经历彻底改革的大学体系古已有之，且已实行了许多年。事实上，直到 1945 年"二战"结束后十年里的某个时刻，政府才开始为所有英国大学提供约占其总收入一半的资助，而学生资助制度也要等到 1960 年安德森委员会的调查报告公布之后，才开始在全国强制推行。自那时起，大学改革的步伐如此之快，以至于无法选择一个合理的十年区间来代表高等教育体系的"正常"状态。值得记住的是，撒切尔政府于 1981 年发起了反对大学的文化运动①，在当时 46 所学位授予机构中，近一半在二十年前还没有以大学的形态存在。从某种角度来看，20 世纪八九十年代似乎是英国大学史中较为独特的时期，在这二十年间，历届政府都试图降低大学的"历史性"地位，并且废除其"传统"的资助结构；然而，从另一个历史角度来看，只有 20 世纪六七十年代才称得上是例外时期，在此二十年间，英国曾竭力支持一个涵盖范围广、筛选机制严的大学资助制度。入选的优质高校以培养本科生为中心，政府资金全覆盖。2011 年，英国的学位授予机构中有近 2/3 甚至在 20 年前并不存在（至少尚未升格为大学）——这一事实突显出，切莫将适用于某一特定时刻的条件当作永恒的规范。

2

人们易于认为，任何对大学的理性思考，都必须追溯至大

---

① 原文为德语 Kulturkampf，意指"文化斗争"，尤其是 1872—1887 年罗马天主教会和德国政府之间围绕教育、教职任命权、婚姻等议题而进行的文化争端。

学的中世纪起源。最近，一个名为"欧洲大学史"的大型出版项目在其四卷本丛书的总览中做了一份引人注目的声明："在过去的一千年中，大学是唯一一个既保留了其基本模式，又保留了其基本社会角色与功能的欧洲机构。"[3]这份声明确实引人注目，但事实果真如此吗？表面上，过去的大学和现在的大学有形式上的连续性：两者大体上都是自治的学者群体，围绕几门知识科目组织起来，向高阶学生传授知识。我之所以说"表面上"，是因为这种模式与目前作为法人企业的高校有着明显区别，即在当今高度管理化、公司化的大学中，学者是地位相当低的员工。除了形式上的连续性，大学在"角色与功能"上的连续性也同样值得怀疑。作为法律实体的大学，（可能）于1088年在博洛尼亚建立，（很可能）于12世纪中叶在巴黎和牛津建立，（可以说）于1209年在剑桥建立。在创建之初，它们绝大多数是教会机构，后来在法律和哲学等领域逐渐成为重要的世俗教研中心。大学的教会性质一直主导着整个欧洲，至少在法国大革命时期以前如此。这些机构旨在训练未来的国家官员和教会神职人员，或者作为精修学校为地主精英阶层提供教育①。那些开始改变近代早期欧洲知识界的学

① 精修学校，英文是 finishing school，美国也称之为 charm school，是为富家女子学习上流社会的行为举止、社交礼仪而办的私立学校。兴起于19世纪末，时至1960年代，随着女权意识的觉醒和女性地位的提高，这类学校日趋没落。

术进展和科学进步，大多没发生在大学里，而是发生在独立的研究所和学术院里，或是发生在由学识渊博的绅士组成的独立社团里。在当今的几个欧洲国家，仍有少数"学术院"存活至今，其中大多演化为学术组织（本质上是高级学者的荣誉协会），在个别情况下演化为独立的学术与研究中心。但毫无疑问，"大学"已经成为主导形式。回溯大学的历史，我们得以了解传统大学模式的演变过程，譬如大学如何适应上述发展，以及大学如何吸收或取代潜在竞争机构，等等。这种新的认知，正是回溯大学历史的引人入胜之处。

尽管大学的历史源远流长，但就目前的讨论而言，我们没有必要追溯至久远的中世纪，详述大学自古以来的发展史。毕竟，现代大学本质上是 19 世纪的产物。1810 年，时任普鲁士教育部长的威廉·冯·洪堡①创建了柏林大学，人们通常认为这是一个具有象征意义的开创性时刻。在接下来的半个世纪，在洪堡的大学理念的激励和鼓舞下，德国大学开始蓬勃发展，德国的学术和科学逐渐成为标杆，供其他国家的大学衡量自己的教育服务和成就。大学不再仅仅被视为培养未来神职人员和政府公职官员的摇篮，而成了"高深学问"的中心。学

---

① 威廉·冯·洪堡（Wilhelm von Humboldt，1767—1835），生于普鲁士波茨坦，德国学者、政治家、教育家，柏林洪堡大学的创始者；也是著名的语言学家，以及普鲁士的外交官，著有《论国家的作用》等。弟弟亚历山大·冯·洪堡是德国自然科学家，被誉为近代地理学之父。

术研究逐渐成为大学的特有目标之一，它不仅包括日益壮大的自然科学领域的研究，也包括后来被称为人文和社会科学领域的研究，尤其是对历史、哲学、语文学，以及古典文学的研究。于是，学术成就的价值感不断增强，现代学术等级制度的细化亦随之而来，这体现在某一学科对"教授"及其"助教"（英国后来称之为"讲师"）的区分，职业发展的路径是从"助教"头衔一步步晋升为"教授"头衔。大学为下一代学者提供系统性的教育，并授予各种各样的博士学位或其他高级学位——这些已经成为大学培养计划的应有之义。19世纪晚期，英国和美国的年轻学者蜂拥至德国高校，并受益于那里的学术训练。之后不久，美国（于19世纪七八十年代）和英国（比美国稍晚），以及其他国家的规模较大的高校也逐渐设立了博士项目。

虽然不同国家的高等教育体系各有特色，但学术和科学本质上是国际性的事业，因此我们不可孤立地理解某一个国家的高教体系。时至19世纪后期，德国大学的统治地位臻至鼎盛。在美国，德国大学在知识和组织方面有着巨大的影响力；在法国，尤其是1871年普法战争失败后的法国，德国大学是其胜负欲的来源；在英国，德国大学同样产生了巨大影响，它们代表着一种科学①"研究"的理想，被嫁接到英国本土的教

---

① 原文用了德语 wissenschaftlich，意为"科学的""智慧的""学术的"。

学和学术传统中。然而，尽管欧洲大学在其发展之初受到德国思想的启迪，时至20世纪，英美的重点大学则占据了支配地位，不仅成为其他国家的大学竞相效仿的典范，而且也越来越接近洪堡的理想，即将通识教育与先进的学术和科学研究相结合。大英帝国的扩张，直接导致其在世界各地的殖民地纷纷建立以英国"本土"机构为蓝本的大学；实际上，这些大学更接近伦敦或苏格兰的大学，或规模较大的市立大学，而不像牛津大学和剑桥大学——尽管在攻读研究生和申请访问学者项目方面，牛津和剑桥依然魅力非凡。在高等教育领域，如在其他许多领域一样，法国的海外属地往往被视为大都市体系的一部分，因此法国的高等教育模式在独立后的非洲部分法语区及其他地方留下了印记。出于同样的原因，拉丁美洲的大学与伊比利亚半岛（主要包括西班牙和葡萄牙）的大学在模式上也有诸多相似之处，尽管该例中占主导地位的知识传统通常来自德国。在20世纪的最后几十年，世界各地的大学经历了大规模扩张与重塑，法、德等欧陆国家的当代大学体系不再是世界各地大学的效仿对象，"盎格鲁-撒克逊"模式开始真正引领全球，包括欧洲在内的世界高校都在向英美高校的标准看齐。近年来的许多提案（和一些政策）都明确主张，要使自己国家的大学变得更接近美国的大学，至少要接近他们想象中的美国大学的样子，这种呼声在英国尤其明显。进入21世纪,中国一跃成为世界经济的主导力量,中国正在采取什么样的大学模式,以及它将给别国输出什么样的大学模式,都还有待观察,但目前看来,中国的大学模式显然是对盎格鲁-撒克逊模式的本土化。

从一开始,德国的大学理念就内含矛盾张力,这种张力以这样或那样的形式延续至今。洪堡的大学,是教学自由(Lehrfreiheit)和国家管控的奇特结合,学者自治群体和公务员群体兼而有之。此外,洪堡的大学还存在一对由来已久的紧张关系:它既要服务于各种社会需求;又要以某种方式脱离社会,甚至要对社会的主导价值和实践做出某种抵抗。大学从来都讲求务实,譬如,大学为教会委培神职人员,或者为国家官僚机构配备公职人员,但大学也总是开展与这些任务无直接关系的研究。在这方面,几百年前的法律研究和医学研究即为经典实例:这两门学科都是实用型学科,但它们生成了各自的科学探索领域。类似的还有19世纪中后期出现的工程学或东方语言等形形色色的科目,这些实用学科随后都进入了科学探索的境界。越来越多的大学参与到所谓的"资格认证"(credentializing)过程中,作为一种认证机制,它向社会保证只有那些获得认可资格的人才会被允许从事特定职业。大学成功接手对未来职业人士的培训,并将职业培训嵌入在"高深学问"的大学环境中,这意味着各种实务问题都转向了大学,借助大学的资源,享受大学最新的研究成果、文化声誉和崇高的社会地位,同时获得大学的资格认证。在这方面,农业即为一例(尽管表现得不太明显)。农学最初被引入大学完全是出于现实考量,譬如 19 世纪晚期美国的"赠地"大学①,但在其后的发展中,大学中的农学逐渐朝着不那么务实的方向扩展。从另一个角度观之,这些发展包含一种紧张关系,它们一方面需要满足本国的主张和需求,但又受到无国界的科学与学术理念的牵引。柏林、巴黎、牛津或斯坦福的学者们所从事的学术活动,既取决于眼前的市政或社会工作重点,也同样取决于同一学科的别国同事们所开展的学术活动。这种充满张力的事态,常常令政府和当地赞助商感到不安。大学教师和大学生的地域流动,既表达了他们对超越国界的知识群体的归属感,同时也强化了这一归属感。

因此,大学在经历了如此一番的范围扩张和功能拓展后,其存在理据中依然有一种可以辨识的根本性的紧张关系——过去是这样,今天依然如此。简而言之,任何科目一旦被确立

---

① 英文是"land-grant colleges",又译"授田大学",是指因为《莫雷尔法案》(Morrill Acts,亦称《赠地法案》,由美国国会于 1862 年通过)而获得国会资助的美国高等教育机构。依据该法案,美国各州可以出售联邦土地来筹集资金,用于建立和资助大学。在成立之初,"赠地大学"旨在教授应用农学、军事科学、工程学、机械工艺等实用学科,使得工人阶级子弟也能获得实用的大学教育。密歇根州立大学和宾州立大学是赠地大学的先驱。如今,大多数赠地大学已发展为大型公立大学,提供学科齐备的全面教育。

为一门学科的一部分，就必须对其进行更为深入的全面理解，这种认知的必要性异常强大，往往会不断超越和颠覆那些满足眼下需求或本地需求的必要性。譬如，大学可以设立法律学的教席以培养未来的律师，但一些法学教授后来所从事的学术研究，使他们发现了一些根本性的问题，比如权力的性质、不同社会理想的历史、自由表达的允许界限等；于是，法律教授不断地变成法律历史学家、法律哲学家，甚至变为广义的社会理论家（19世纪关于社会类型演变的诸多思考，正是那些被指派教授法律的人的智慧结晶）。这些学科分支随后被纳入课程教学大纲，成为学科知识体系的一部分，并随着时间的推移，让整个学科变得更具"学术性"——"学术性"是一个难以捕捉且意味深长的词，但它在这里表示偏离实用性的探索模式，促进本学科形成独特的规约和目标。同样的偏离，在科学院系的发展史上也很明显。建立科学院系的初心，往往是通过发明创造和技术进步来造福本地工业，但一来二去，务实性的活动演变成人们如今常说的"蓝天研究"（blue-skies research），即科学探究是由学科的知识逻辑所驱动的，而不是由迫切需要解决的实际问题所驱动的。这里，我们触及了大学的一个强大优势，也是其享有悠久历史的关键：在满足其他需求的同时，大学也为人类心灵永不停歇的追求提供环境支持，使人类能够获得对事物的充分理解。由是观之，如此多的希望和抱负都寄托在这类独特的机构上，也就不足为奇了。

3

法国大革命时期，不列颠群岛有七所大学：两所在英格兰（牛津大学、剑桥大学），四所在苏格兰（爱丁堡大学、格拉斯哥大学、圣安德鲁斯大学、阿伯丁大学），一所在爱尔兰（都柏林圣三一学院）。在大多数情况下，这七所大学比当时法国、德国模式下的大学享有更大的自治权，尽管与欧洲大陆的高校相比，它们往往与国教的联系更为密切。在 19 世纪的前几十年，苏格兰的大学令人仰慕，它们借鉴了本土的民主传统，并大力支持对诸如法律和医学等学科的专业研究，最终做出了最活跃、最有趣的知识贡献；在 19 世纪二三十年代的英格兰，伦敦建立了两所新学院（大学学院和国王学院），杜伦（Durham）建立了一个小型的英国国教前哨基地①。除此之外，牛津和剑桥的绝对垄断地位并未受到严重挑战。维多利亚时代的中后期，发生了两件决定英国大学百年发展的大事

---

① 即杜伦大学。1832 年，在教会的支持下，英国议会通过了一项法案，允许杜伦大教堂使用部分教会财产建立大学，并于 1833 年正式对外开放。杜伦大学是英格兰地区继牛津大学和剑桥大学成立 600 余年后首所被批准成立的大学，成为英格兰第三古老的大学，也是英国仅存的三所中世纪学院制名校之一。

件。首先,牛津大学和剑桥大学的学院进行了改革。长期以来,这些学院一直是地主阶级子弟的俱乐部兼具圣公会的神学院。改革之后,塑造品格的公学理想生根发芽了;历史学、自然科学和现代语言等"现代"学科被引入进来;教育未来统治阶层和行政管理阶层的自我意识萌发了;大学在民族文化中的地位日益提高。其次,19世纪七八十年代,在因工业化而逐渐发展起来的大城市里,伯明翰、曼彻斯特、利兹、谢菲尔德和利物浦等地也都建立了新的高等教育机构。最初,这些学院是当地倡议的结果,旨在满足当地需求;这些学院敢于在传统课程之外教授诸如"商务"之类的实用课程;它们的许多学生住在家里;有些学生是女性。为了把这些机构纳入大学的范畴,人们需要一个不同的大学"理念"。"皇家特许状"(royal charter)是一种留存至今的主要法律机制,人们用它来承认并合法化大学的地位和声誉,也确保大学拥有一定程度的自治权。凭借这一法律机制,国家既可以对大学施加管控,也可以施予大学自由。

因此,时至20世纪初,英国至少存在三种不同类型的高教机构,这还不包括各种医学院、教师培训学院和许多教会、职业机构、自愿组成的协会等。第一种是牛剑模式(Oxbridge model):实施寄宿制、一对一的导师辅导制(tutorial),重视品格塑造。第二种是苏格兰/伦敦模式(Scottish/London model）：坐落于大都市，实施教授讲座制①、绩优制（Merito-cratic）。第三种是"城市"模式（"civic" model，"红砖大学"②是后来出现的新词）：具有本地特色，讲求实用，锐意进取。

从 20 世纪初开始，一种辩证思想就在发挥作用，它随后成为英国高等教育发展的主导力量之一。这种辩证法至少在一定程度上是由势利和虚荣心驱动的：这些种类各异的新兴大学日益摆脱其独特性，并越来越符合文化上占据主导地位的大学标准。因此，市立大学逐渐丧失地方性和实用性：他们为来自全国各地的学生建造了越来越多的宿舍；传统的学科等级制度重新确立；运动场被视为大学教育的关键——从柏林或巴黎的角度来看，大学教育与"运动场"之间的奇怪联系，仍然散发出盎格鲁-撒克逊的古朴气息。此后，其他较新的大学也开始重复这一模式：首先是 20 世纪四五十年代开始授予伦敦大学校外学位的原地方性大学（如赫尔大学、莱斯特大学、诺丁汉大学、雷丁大学、南安普顿大学）；然后是 20 世纪六七

① 教授讲座制（Professorial）曾是大学教学的主导模式，纽曼对此制度持批判态度，认为学生无法从中获得足够的训练，并提出教授讲座制与导师辅导制相结合的解决方案。

② 英文是 Redbrick，指相对于牛津和剑桥而言较晚建立的地方性大学，尤指 19 世纪创立于英格兰重要工业城市的六所大学：伯明翰大学、布里斯托大学、利兹大学、利物浦大学、曼彻斯特大学和谢菲尔德大学。这六所著名"城市"（civic）大学与英国工业革命密切相关，在成立之初均为科学或工程技术类学院，并于第一次世界大战前获得皇家特许状。另外，它们均为英国顶尖大学联盟"罗素大学集团"的成员。

十年代的高级技术学院（如布拉德福德大学、布鲁内尔大学、拉夫堡大学、索尔福德大学、萨里大学）；最后是 20 世纪八九十年代的理工院校。英国的大学受到同一种力量的牵引，朝向同一类目标移动：它们致力成为全国性机构而非地方性机构；它们致力拥有齐全的学科门类、提供应有尽有的课程；它们授予本科学位，也授予研究生学位；它们支持教学，也支持研究；它们力图获得那些历史悠久的大学所享有的自主权和声望。

即便如此，在 20 世纪的头几十年里，英国的大学发展缓慢。第二次世界大战前夕，只有不到 2% 的人读完大学。大学基本不是媒体关注的对象。许多新成立的城市大学规模非常小，势单力薄。此外，第一次世界大战以前，国家在资助大学方面几乎没有发挥任何直接作用，大学要么是自筹经费的自治基金会，要么依赖当地的倡议和资助，要么依赖于学生缴纳的学费（通常是这些因素的某种组合）。直到 1919 年，政府才专门成立了一个向大学发放小额资助的机构。这个机构被称为"大学拨款委员会"①，本质上是为了保护大学的自主权而设立，它允许一个由资深学者组成的小组担任中介，让后者向政

① University Grants Committee，简称 UGC，又译"大学教育资助委员会"，1919 年成立时隶属于财政部，负责调查英国大学教育的经费需求，并在政府向国会申请大学教育经费时提供相关咨询；1964 年，英国政府根据《罗宾斯报告》（Robbins Report）的建议对该委员会进行改组，使其转属教育与科学部。

府提供大学需求方面的建议咨询,然后分配财政部为满足这一需求而拨发的款项。在20世纪30年代,这些拨款数额并不大,英国所有大学的年度经常性拨款仅为200万英镑左右。但在1945年之后,拨款的增速加快了;当然,随着政府资助的日益增多,国家也日益彰显自己的意志。近几十年来,在重塑高等教育格局的过程中,有三股主要力量一直在起作用:首先是学生人数的爆炸式增长;第二是科学研究的大幅扩张;第三是政治意识形态。这在英国如是,在别的国家亦然,只不过这三股力量在英国具有独特的表现形式。

统计数据所显示出的数量增长已足够有说服力了。1939年,英国21所大学及大学层次的机构中约有五万名学生(这些数字都不无争议;而且,大学的定义问题导致人们至今仍然难以产生一致认可的统计数据)。到1961年,战后扩张使大学生人数翻了一番多,达到十一万三千人。此后,大学扩张的速度急剧加快。许多人,包括那些谈起大学头头是道的人,仍然认为1960年代新"平板玻璃大学"(萨塞克斯大学、约克大学、艾塞克斯大学、东英吉利大学、华威大学、肯特大学、兰开斯特大学)[①]的

---

① 平板玻璃大学(plate-glass university),特指英国政府为回应1960年代发表的《罗宾斯报告》而集中成立的大学(或新获得"大学"头衔的教育机构)。之所以叫"平板玻璃大学",是因为这些大学在钢结构或混凝土结构中使用大量的平板玻璃,与红砖大学(以维多利亚建筑风格为主)和更古老的古典大学在建筑风格上形成鲜明对照,散发出一股现代气息。

筹建归功于著名的《罗宾斯报告》①，但简单的事件年表却表明这与事实相去甚远。20世纪50年代末，"大学拨款委员会"做出了创建新大学的初步决定，其中第一所大学——萨塞克斯大学——于1961年成立，而罗宾斯主持的委员会直到1963年才发表报告。还需注意的是，尽管其中几所大学引入了(如萨塞克斯大学的教育宣言所承诺的那样)"学习的新地图"(a new map of learning)——即他们尝试各种办法摆脱以学系为基准的单科荣誉学位制度，这些机构其实仍在遵循非常传统的办学思路。它们的招生规模相当小，而且严格遵守择优录取原则；它们是寄宿制，建在离宜人的英国城镇不远处的绿地上(而不是建在大城市的中心)；它们遵循传统的师生观念，非常注重在师生之间保持密切的教学联系和社会联系(有些大学甚至仿照"牛剑模式"，下设"书院")；它们主要致力于艺术和科学领域的"通识教育"。所以，这几所新式大学似乎仍属于人们所熟悉的那种传统大学，这一点随后便得到确认。《罗宾斯报告》发表两年后，时任教育大臣的安东尼·克罗斯兰(Anthony Crosland)阐发了后来被称为高等教育"二元制"的

① 《罗宾斯报告》，是英国政府于1960年代委任高等教育委员会对英国高等教育的未来前景进行的发展规划。1961—1964年间，经济学家莱昂内尔·罗宾斯(Lionel Robbins)担任该委员会的主席，是故以他的名字为这份报告命名。《罗宾斯报告》建议，英国政府应立即扩大高等教育的规模，将高级技术学院升格为大学。英国政府采纳了报告的建议，英国的高等教育开始一系列的扩建和扩招。

原则。依据该原则，英国政府将推出两种不同、但并行发展的高等教育类型：一种是传统类型的大学，一种是以职业为导向、顺应社区需要的理工院校。

人们还时常忘记这一点：就机构的数目而言，1960 年代后期的大学数量在后来的几十年甚至更长的时间内都没有发生改变。1969—1992 年间，除了北爱尔兰创立的新阿尔斯特大学（New University of Ulster）这一特例之外，英国没有兴建任何新大学。大学数量没变，学生人数却在迅速增长：到 1980 年，英国的 46 所大学约有 30 万名在校生，而且每年的招生人数越来越多，每年设定的招生目标人数也水涨船高。1992 年，前理工院校的重新分类几乎使大学的数量一夜之间翻了一番（38 所前理工学院最终升格为大学）；自 2000 年以来，30 多个其他机构（通常是以前的高等教育学院）也获得了大学特许状，正式升格为大学。迫于巨大的政治和财政压力（尤其是在过去的十年中），所有这些机构每年录取的学生人数越来越多。大举扩招的结果是，130 所大学层次的机构中，在校生总数已逾 225 万。这些数字掩盖了研究生，以及非全日制的在职学生（包括本硕博等各个层面）人数的惊人增长；在过去的 30 年里，研究生的数量大约从 6 万增长到 53 万，而大学里过去罕见的非全日制学生，其人数现已超过 85.5 万。除此以外，这些数字也掩盖了过去五十年间，妇女在大学教育方面获得的根本性解放，掩盖了女大学生现在略占多数的事实。在过去的30年里，师生比例几乎不可避免地下降了（据计算，师生比从1∶8的历史最高水平下降到1∶22以上；不过，这样的平均数掩盖了不同高校之间存在的巨大差异），这导致许多高校师生之间的"面授课时"①骤减，每名学生获得的个人关注度也大幅降低。

与此同时，大学也发生了明显的转型。现如今，许多大学主要是科学和技术研究中心，并日益成为职业技能培训和专业人才培养中心。20世纪30年代，英国大学有一半的学生都就读于文科院系；更引人注目的是，在牛津和剑桥，读人文学科的学生占比分别高达80%和70%。然而时至2009年，在英国的大学，学习纯"人文"学科的学生只占本科生的11%、研究生的9%，尽管采用广义的"艺术、人文和社会科学"分类会得出更高的文科生比例。自20世纪30年代以来，学习"纯"科学的学生比例显著上升，但过去几十年里学生比例增长最多者，莫过于职业技术类的"应用"学科。下面的几个数字，有助于我们直观地了解这一变化的广泛程度。尽管英语和历史是历来最受欢迎的人文学科（现在仍然如此），但选择这些专业的学生人数根本无法与选择实用性强的"应用"专业的学生人数

① 英文为"contact hours"，也称"contact time"，又译为"会面时间""面授时间"。

相提并论：2009年，英语专业共有6万名学生，历史专业共有5.2万名学生（本科生和研究生都算在内）；同年，有13.1万人攻读法律专业，14.8万人攻读工程专业，29.3万人攻读"医学相关专业"（不包括6.3万专门攻读医学学位的学生），33万人攻读商学和会计（高居榜首的两个热门专业）。委婉地说，我们已经远离了纽曼的大学理念，而且就高等教育展开的公共讨论，往往对近年来大学发生的变化知之甚少。

伴随这些进展而来的，是大学财政支出规模和用途上发生的显著变化，其中科研支出方面的变化远甚于教学支出方面的变化。"大科学"成本的大幅增长，特别是生物科学的强势扩张，意味着当前的科学预算已经飙升，动辄以数十亿美元计，这使人文和社会科学领域的科研经费相形见绌（比如，英国七个研究理事会的总预算约为30亿英镑，但其中仅有3％左右拨给了艺术与人文研究理事会[①]）。高等教育的公共基金现在主要投入于科学、医学和技术领域，在任何一所大学的运营预算中，用于支持这些学科发展的经费都占据了压倒性比例。现如今，维持大学运作的多种资助体系——譬如，从商业

---

① 英文为"Arts and Humanities Research Council"，通常缩写为"AHRC"，是英国七个研究理事会之一，属于非政府部门的半官方公共机构。AHRC从英国政府获得拨款，用来资助语言、法律、考古学、英国文学、设计、创意和表演艺术等多个艺术与人文学科的研究，并为这些学科的研究生提供资助。此外，AHRC每年通过严格的同行评审程序，评选出约700个研究奖项和1350个研究生奖项。

及慈善赞助商那里获得大笔资助,或者通过"科研评估考核"①的鉴定等级而获得相应拨款——反映的是理科所具有的经济影响力。

前两组变化(即高校学生人数和科研开支的大幅增长)是累积性的,仅一部分是有意为之的结果,而且这些变化发生之时,往往很少被人注意到。但政治意识形态对大学的影响,却一直都是富有戏剧性、纲领性、争议性的。20 世纪 70 年代末以前,大学是在所谓的"文化扩散的福利国家模式"(welfare-state model of cultural diffusion)的基础上发展起来的。如艺术一样,一些传统的文化产品通过国家资助惠及越来越多的人。"文化"被视为一剂良药或一处避难所,用以对抗经济生活的种种压力,而大学则被当作文化的灯塔。这种福利国家制度下的文化传播模式,有其家长式的一面——譬如,政界高官不顾普通人的呼声,擅自决定什么东西值得拥有更多;另外,这种模式为英国的中产阶级提供了隐性补贴,使他们成为20 世纪 90 年代之前经济扩张的主要受益人。不过,这种模式的根基也深植于英国的社会态度之中;尽管 20 世纪 60 年代和

① Research Assessment Exercises,缩写为 RAE,是由四家英国高等教育基金会发起的学术评估活动,大约每三年至七年评选一次,由同领域的专家评审出一个排名和鉴定等级,并撰写英国高等教育研究水平报告。最后一次报告发布于 2008年,2014 年被研究卓越框架(Research Excellence Framework)取代。

70年代英国经济遭受的冲击导致了大学经费的周期性调整，冲击过后，支配这一模式的文化假设却基本完好无损。

此后，几届保守党政府对英国大学接连发起蓄意打击。在政府眼里，大学既昂贵又自私自利，既傲慢又具有颠覆性。保守党政府对大学发起的四次袭击，主要发生在四个时间节点上。第一次是1981年，政府大幅削减大学经费，此举似乎是故意破坏大学的合理规划，挫伤大学的士气。整个大学系统的削减幅度约为11%，有些地方的减幅要高得多——包括一两所顶尖大学在内的几所高校遭受了约20%的资助骤减，索尔福德大学（原先是一所高级技术学院，在哈罗德·威尔逊①/C. P. 斯诺②的时代备受青睐）的预算更是被削减超40%。第二个关键节点是1986年，时任大学拨款委员会（UGC）主席的彼得·斯温纳顿-戴尔爵士（Sir Peter Swinnerton-Dyer）发起了"科研评估考核"计划，并启动了首次评估考核活动。评估考核的目的是衡量一所大学不同学系的科研质量，最终排名

---

① 哈罗德·威尔逊（Harold Wilson，1916—1995），英国政治家、经济学家，分别于1964年至1970年、1974年至1976年两次担任英国首相。威尔逊出身于英国的中下层家庭，在其政治生涯中注重打造自己的"大众一分子"形象。1976年，他以倦勤为由，出人意料地辞去了工党党魁职务和首相一职。

② 斯诺（C. P. Snow，1905—1980），英国科学家、小说家、政府公务员，曾任哈罗德·威尔逊的助手。1959年，他在剑桥大学的一次演讲中提出了"两种文化"的命题，对科学文化和人文文化的割裂、对科学家和人文知识分子的文化隔膜深感遗憾。这一知名观点随后经扩充，被《两种文化与科学变革》一书收录。2008年，该书入选《泰晤士报文学增刊》的"'二战'以来对西方公共话语最具影响力的100本书"。

将决定该大学所获得的整体拨款中"科研"部分的金额。这是迈向审计文化的关键一步，自此以后，这种吞噬一切的文化导致大学在思考和教学方面的效率显著下降。第三个关键日期是 1988 年，这一年通过了《伟大的教育法案》①，由此，学术终身聘任制（academic tenure）原有的法律地位被改变，大学拨款委员会被废除并被若干授权资助机构取代。后者主要依据大学的各项改革或具体目标的落实情况发放资助，进而能直接影响历届政府的教育政策。第四个时间节点是 1992 年，在这一年，使前理工学院升格为大学的立法生效，这条法规确保政府针对如今规模大增的高校所出台的政策将基于低成本的"大众"教育模式，而不再基于大学之前积累的历史地位，政府对这些大学原有的高贵和独特之处不那么毕恭毕敬了。（例如，到 2009 年，英国在校生人数最多的 25 所大学中，有 18 所以前是理工学院，旨在满足与传统大学截然不同的需求。）总的来说，英国大学——即使是其中最负盛名者——对这些变化也几乎没有抵抗力，每当它们的金主经过，它们就会屈膝行礼。

20 世纪 80 年代和 90 年代初，撒切尔政府（1979—1990）和梅杰政府（1990—1997）在没有给大学提供相应投资的情况

① 英文是 Great Education Act，作者是在讽刺 1988 年通过的《教育改革法案》（Education Reform Act）。

下扩招,故意压低了高等教育的"单位成本"。它们试图强加"效率"观念,这就需要大学改变管理方式,使其更接近于商学院构想的那种经营良好的商业公司(不过,在真实的商界,人们对这种严格自上而下的总裁管理模式是否明智愈发怀疑)。因此,大学在其过去的漫长历程中,充当了神学院、精修学校、政府行政人员学院、文化宝库、公民的摇篮和科研中心,而现如今,它们则要把自己转变为公共有限公司(plcs)。1997 年后,布莱尔政府(1997—2007)试图减轻大学经费长期不足造成的影响,可是新注入的款项通常被用于严格指定的用途,并与持续的"改革"紧密关联(有关"追加"费用的介绍,请参阅第 8 章和第 10 章)。尽管如此,大学的变化方向总体保持不变。

面对这些新的变化,我们无法声称大学是自治机构,大学内部发生的事情与国家无关。事实上,在大学出现后的大部分时间里,以及在有大学的大多数地方,大学都不是完全自治的机构。无论是在文艺复兴时期的英国,还是在 18 世纪的德国,抑或是在现代法国,大学或多或少都要受到国家管控。的确,英国有一个悠久的传统,即把各种各样的社会职能交给独立的、地方的、义务性的机构来执行,于是这些机构逐渐对国家"干预"产生怀疑或进行抵制。然而,即使在牛津和剑桥,它们的各个书院虽然是企业法人自治团体的典型代表,却也遭受历届皇家委员会①的连番调查,并最终于 19 世纪中后期进行了整改;国家要求这些书院适当使用捐赠款,并要求它们提供国家所需的教育(特别是为行政阶层提供培训)。无论在哪里,只要国家成为出资人,它就会对大学的运行指手画脚。大学拨款委员会作为一个有用的缓冲,延迟了这一逻辑所带来的全部后果,以至于直到 20 世纪最后几十年这些后果才得以显现。无论如何,一个早已明白无误的真相是,大学不能两者兼而有之:若想从政府那里获得慷慨的财政支持,就必须接受政府的约束,接受政府所理解的其选民应当承担的责任。就此而言,一段时间以来,官方政策最常重申的两个目标是:第一,让大学更能顺应经济需求;第二,扩大招生人数,实现"真正的民主包容",同时促进"社会流动性"。

如许多观察者所指出的那样,当同一年龄组中约有 6% 的人上大学(这是 20 世纪 60 年代中期的入学率)时,大学的组织方式和基本假设可能足够有效,但当同一年龄组中 45% 的人上大学时,原来的组织方式和基本假设必然要承受巨大压力。五十年前,社会普遍崇尚文化,大学得益于此,通过读大学出

① 英文是 Royal Commissions,又译为"调查委员会",是由国家元首根据政府的建议而设立的临时法定组织,独立于政府,具有极高的公信力。一般而言,皇家委员会有两类职能:一是调查非常重要且通常存在争议的社会议题;二是利用调查报告,为政府提供政策建议。1980 年代以来,皇家委员会的重要性减弱,政府更愿意采用其他调查形式,或委托其他机构进行公开调查。

人头地,从而在社会中占据"领导地位"的教育理念仍有一定的吸引力。尽管社会精英的惯习不像从前那般受人追捧,但其似乎仍是大学教育的重要内容,而非历史上偶然一现的装点门面之物。20世纪后期,英国和与之类似的国家发生了剧烈变化,譬如经济日益繁荣、社会日益平等,这使大学教育背后的诸多假设遭受质疑。原有的大学模式,诸如本科三年制、18岁后的教育(post-18)、住宿制、单一学科、考试评估制、文科或理科课程等,不再是唯一的大学模式,甚至很快就不再是英国高等教育的主导形式。如前所述,在当下的英国高校,大多数学生都在修读与职业挂钩的专业课程,许多人是非全日制的兼职学生,其中不乏离校数年后又重返校园的"大龄学生"。此外,学生人数最多的几所大型高校,其中大都不是现如今所谓的"研究密集型"大学,而是从以前的理工学院或高等教育学院演变而来的,它们有着不同的职责权限和文化。(如果公众的讨论能跟上目前英国高教体系的步伐,注意到其规模庞大的现实,那么一个不起眼的好处是,某些媒体可能不会再整天盯着牛津和剑桥,对它们进行连篇累牍的报道了,至少这种现象会减少。)

经历了这段急剧扩张的历史之后,21世纪初的英国高等教育体系面临着一个挑战,即决定凡是被称为"大学"的机构,应该在多大程度上提供同一类别和水平的活动。与其他国家的高教体系进行类比是危险的，毕竟我们总得从自己当下的实际情况出发，但美国的教育家和经济学家克拉克·科尔提出的高教模式非常有趣，也被广泛讨论，是值得我们了解的外国模式。科尔为加州的高等教育制定了分层计划（现已基本实现），三个层次由低到高依次为：当地的社区大学、招生人数众多的加州州立大学，再到加州大学的分校（包括加州大学伯克利分校和洛杉矶分校）。[4] 这个体系与全美高教体系一样，特点之一是致力于满足学生在不同类型的机构之间进行流动的需求，从而允许学生有第二次（第三次乃至更多次）选择大学的机会。在这方面，英国的高等教育向来做得很糟糕。加州的高教体系旨在提供具有社会包容性的教育机会，但坦率地说，它在智识理想方面仍是等级制的。诚然，美国的高教体系不无问题，且这套体系无法与英国的高教体系完美契合，但加州体系作为一个实例，可以为我们了解高等教育的结构和性质提供些许指引，譬如它最近发出的骇人警示：尽管美国高教体系向来开明、多样，但在面对选民及其政治代表变化无常的想法时，它的公共资助制度依然十分脆弱。

无论如何，以美国高校为鉴，英国高校可能也会面临类似的改革，向教育多元化、多样化的方向发展。毕竟，对所有大学做出整齐划一的要求是不切实际的，比如，要求每所大学都成立造价不菲的医学院或工程学院，或者要求每所大学都提供社会服务部门内部的各种辅助岗位所需的文凭。同样,要求每所大学都提供门类齐全的传统学科的博士学位也没有意义。更可取的做法也许是,大学有选择性地开设课程——比如,有的大学更关注非全日制的兼职学生或学业中断后的"返校"生,有的大学专门提供在职进修课程,而有的则致力于满足当地社区的需求。同样,资助机制也必须变得多样化。不同类型的课程,对应不同类型的教学,这些教学的价值需要在衡量"成功"的范畴中得到更好的体现,并获得相应的奖励。当开设的是具有社会价值的、与职业相关的实用课程时,有人轻蔑地称之为"米老鼠科目"(mickey-mouse subjects),这种无知的讥讽是在故意找碴,其背后有一种自命不凡的心态;而当开设的是同样具有社会价值的、与知识探索相关的学术课程时,有人轻蔑地称之为"无用的"或"无关紧要的"科目,尽管也是在故意找碴,这种冷嘲热讽反映的却是截然相反的自命不凡的心态。类似地,有的科研评估和资助方法适用于能产生直接经济影响的应用科学,但对于某些人文学科根本不起作用(其实,如我在本书中多次论及的,"科研"这一概念能否毫无问题地应用于人文学科,都令人存疑)。所有这些都是非常实际的问题,在某些情况下涉及复杂难懂的财务分析公式,以及错综复杂的监督和监管要求。在本书中,我无意提供翔实可行的替代方案,而是要指出这样的一层意思:如果政治家和行政管理者一开始就对他们试图资助和监管的活动没有充分概念，那么他们推行的措施必然会对其所声称支持的事情造成损害。

事实上，在过去的几十年里，改变高等教育格局的主要因素并非是学术和科学本身，而是国家对大学的管理、资助和监督方式；正是这些方面所发生的变化，导致了大学格局的改变。公共辩论主要聚焦于这些国家层面的活动，一部分是因为相较于核心的智性活动，它们更容易理解，便于讨论。于是，我们需要继续探讨两点：其一是这些核心的智性活动的品格，因为毕竟是这一品格定义了大学，并使其如此独特；其二是当下人们聚焦于大学宗旨时所做出的各种论断的可信性。弄清了这两点，我们或许就能明白，为什么政界和媒体对这一话题的讨论不断高涨，却始终没能让我们深入了解大学的宗旨所在。

3

有用与无用之争：纽曼思想重探

1

任何关注历史上就大学价值和使命而展开辩论的人，都需要培养一种对重复观点的强大包容力。这个话题能够生发出令人眼花缭乱的老生常谈，且往往以一套狭隘的二元对立模式反复出现。在英国，这些辩论呈现出的对立模式令人沮丧。我们不妨借用约翰·亨利·纽曼（John Henry Newman）曾使用的关键词"有用"和"无用"，以两者的矛盾张力来概括这种二元对立的论辩模式。自19世纪以来，批评家、改革者和政府官员们一次又一次地声称，大学所做的研究是过时的、无关紧要的——即"无用"的。在他们看来，大学里开展的研究，需要更直接、更有效地服务于国家需要。换言之，大学要变得更"有用"才行。有用与无用之争早已有之，并不独属于当代。我可以提供一个阅读清单（其内容发人深省；但其冗长程度，也令人生畏却步），以示近来关于提升教育有用性的官方声明中，唯一新颖之处便是它喜欢用小黑圆点来标注要点（bullet points），而过去的同类官方声明则采用完整的句子。

为何围绕大学的辩论总是如此单调，而且总是通过二元对立的方式重复不休？为何人们不断用简单化、还原化的术语来描述相互对立的两极？我们思考这些问题时，不妨接着问下去：为何辩论中重视教育"有用性"的一方不能彻底获胜？毕竟，这种观点通常有政治力量或经济力量加持，且似乎更易于受到公众的欢迎。大学在"国民生活服务"方面至关重要，这早已是司空见惯的论调——我们只需回想一下维多利亚中期的皇家委员会，该机构具有很大的政治影响力，它当时对牛津和剑桥两所大学展开调查，最终确实引发了两者的真正变革。尽管如此，倡导"有用性"的人似乎认为，一代又一代地不断重复这些论点是必要的。我们可能会疑惑，强调教育的"有用性"何以成为一个如此西西弗斯式的任务？恼羞成怒的政客和陈词滥调的记者往往认为，"牛剑大师们"（the dons）是"有用"教育的绊脚石，他们根深蒂固的保守主义和利己主义，造成了大学教育的愈发无用。这些指控前面通常会空洞地提到"象牙塔"，并老生常谈地一通挖苦"令人讨厌的学术精英"。

且不说此番解释的其他槽点，它压根就说不通，因为政府已经采取了几次措施——于 1870 年代、1920 年代、1960 年代和 1980 年代，分别出台了相应措施来推翻或打破所谓大师的阻力，并动用国家力量来重新定义高等教育的核心特征。然而在 2009 年，商业、创新和技能部（Department for Business, Innovation and Skills）仍然认为有必要发布一份文件，宣布大学需要重新定位，以便为"经济复苏和未来增长做出更大贡献"，让大学成为"21 世纪国家经济发展的重要部门"。[1]

在这一章中，我将教育的"有用性"问题与另一个相对次要却同样引人注目的老问题结合起来一同探讨，那就是高等教育论者对纽曼《大学之理念》一书的不断援引。这本书主要基于纽曼在 1852 年所做的一场演讲，他当时针对的是一个非常具体的、现在基本被人遗忘的问题：在都柏林建立一所天主教大学。尽管该书与当下的辩论有所隔膜，但在迄今为止的同类辩论中，它一直被人们当作重要的参照点。美国学者弗兰克·特纳（Frank Turner）在他最近出版的讨论纽曼的书中宣称："公众对高等教育怀有的理想，主要受到这本书的影响，其影响之大，任何英语作品都无法超越。"[2] 几年前，雅罗斯拉夫·佩利肯（Jaroslav Pelikan）也写了一本关于现代大学的重要书籍，他在书中宣称，纽曼的《大学之理念》堪称"史上关于大学理念的最重要的论著"[3]。纽曼这本书的重要地位似乎毋庸置疑，但恕我直言，它的不断重现，是人们就现代大学的讨论中出现的一桩咄咄怪事。

我的观点可谓离经叛道，因为当一部作品成为经典或正典时，它的经典地位自然为后续引用提供了正当理由——这其实就是所谓"经典"和"正典"的部分意义之所在。然而，很难看出纽曼的这篇矫揉造作的拟古主义论著，何以取得并保持其经典地位的。此外，它与当下大学状况的关联亦并不甚了然。正如我在前几章中所强调的那样，现在有许多类型的机构被贴上了"大学"的标签；况且，近几十年来，这些机构所开展的课程和活动（包括很多非学术活动）的范围已经急剧扩大。20 世纪 30 年代和 40 年代，芝加哥大学有一位颇具影响力的校长罗伯特·梅纳德·哈钦斯（Robert Maynard Hutchins），他曾将大学定义为由中央供暖系统联结的各个学院和各个部门的集合体。一个世代之后，加州大学系统的校长克拉克·科尔更新了这一定义，他认为，大学如今最好被理解为"由对停车问题的共同不满而维系在一起的个体教员企业家之团体"[4]。当然，在这些对比鲜明的诙谐定义背后，人们可以捕捉到气候或地理决定论的影子。不过，当代大学所开展的活动丰富多样，这理应让我们对纽曼式的观点持谨慎态度，不急于为这些机构找到同一个宗旨或同一种定位，尤需警惕由一种在现代大学建立之前就已存在的模式而衍生出来的单一价值。我在后文将解释其中缘由。

高等教育系统近几十年来累积的变化,通常被概括为:它将服务目标从"精英"转向"大众";它还有一种我认为应该抵制的倾向,即把"无用"的科目与"精英"相提并论,把"有用"的科目与"大众"等量齐观。有些人或是怀旧、或是挑衅地坚守他们眼中"美好往昔"的价值观,于是常常转向纽曼寻求支持和安慰。须再次指出,我无意于赞同或者鼓励这样的保守思想。我们欢迎的是一个真正民主的高等教育体系,这样的高教体系必定会持续存在,受到人们的普遍支持。不过,这也让我们更加难以判断,纽曼的大学理念对我们当前的辩论有何影响。

2

此处有必要暂停一下,多谈一些纽曼这本书的起源状况,继而指出此书能够保持显赫地位的不可思议——它虽然被广泛引用,如今却读者寥寥。19 世纪 30 年代和 40 年代初,纽曼曾是英国圣公会内部所谓"册页派"(Tractarian)①或"牛

---

① 又称"书册派",该教派以纽曼为领袖,认为英国国教应在奉行福音教的同时保留罗马天主教的早期传统。

津运动"①的重要成员,随后于 1845 年投奔罗马天主教会。在皈依前,纽曼将英国圣公会的信条向罗马教派的方向延伸得太远,故而招致大量的质疑和反对。此外,纽曼成为一名天主教牧师,创立并退居于伯明翰修道院(Birmingham Oratory)②,这似乎将他与当时主流的英国文化生活隔离开来了。1851 年,他接受爱尔兰天主教高层的邀请,受命在都柏林建立一所天主教大学。在当时的境况下,这注定是无足轻重、不切实际的徒劳之举。1852 年 5 月,纽曼做了第一次演讲,阐述他的办学理念。在这场演讲中,他必须应对几种不同的担忧和质疑之声。爱尔兰的天主教高层怀疑,这所大学可能不受他们的直接控制;都柏林的中产阶级天主教信徒也疑虑重重,他们担心高深的牛津教育无法切实地帮助他们的儿子;英国的贵族和富有的天主教家庭(纽曼希望将他们的后代纳入这所大学的生源)对一个明显缺乏社会声望的新兴机构持怀疑态度。维多利亚社会中受过教育的公众也强烈怀疑,一个狡猾的、名誉扫地的

① 即"册页派"在 19 世纪中期进行的一系列运动,又称"册页运动"。该运动的领袖纽曼、凯布勒、皮由兹等人是拥有牛津大学教职的神职人员,他们发表了一系列的小册子,为自己的主张提供理论依据,最终汇总成《时代小书》(Tracts for the Times)。

② 纽曼于 1848 年 2 月 1 日创立的修道院,曾两次迁址。纽曼在罗马时加入了圣菲利普·奈里(St Philip Neri)创立的会众,故而伯明翰修道院也被称为圣菲利普·奈里修道院。1890 年纽曼去世后,建筑师 E. 多兰·韦伯(E. Doran Webb)被任命在原修道院的基础上建立一座仿早期意大利巴洛克风格的新教堂。现今旧修道院已废弃。

天主教神学家必定居心叵测,才在这个臭名昭著、麻烦不断的邻国首都建立一个精神灌输厂。

事实证明,纽曼和他的新兴机构无法承受上面提及的种种压力。学校最终吸引很少的学生;只有医学院真正得以蓬勃发展。不久之后,它就被爱尔兰皇家大学(Royal University of Ireland)——后来的爱尔兰国立大学(National University of Ireland)——兼并了。现如今,纽曼掌舵的这所天主教大学,被看作是都柏林大学学院(University College Dublin)的前身。1850年代,纽曼多次试图卸下校长的重担。最终,他于1858年辞职。纽曼的辞职方式本身就说明了理想和现实之间的差距:1858年11月4日,他做了最后一次智识广博、修辞宏阔的演讲,并于当晚启程前往英国。在生命中余下的32年中,他再也没有回到爱尔兰。

实际上,我们现在所看到的《大学之理念》是一本论文集,有着非常复杂的版本目录史。[5]纽曼于1852年所做的数次公开演说,连同他写就但并未公开演说的演讲稿,以《论大学教育的范围和性质:致都柏林天主教徒》(Discourses on the Scope and Nature of University Education,addressed to the Catholics of Dublin)为书名,在当年晚些时候得以发表。1858年,纽曼以《论大学学科的讲义和随笔》(Lectures and Essays on University Subjects)为书名,出版了他后来以校长身份在都柏林所做演讲的演讲稿。1873 年,他将两书的大部分内容汇集在一起,以修订版的形式出版了《大学理念的定义和解释》(*The Idea of a University Defined and Illustrated*)。纽曼后来又进行了一系列的深入修订,推出了几个新版本,并最终在他去世的前一年(即 1889 年)迎来了该书的第九版。至此,这本书已被奉为经典。究其缘起,它不过收录了一系列的应景文章,目的是证明创建一所新式大学的合理性,而这个机构不仅在英国社会和文化传统中较为边缘,而且后来证明它基本是失败的。那么,究竟是什么因素让纽曼的思想拥有了超越其本身历史意义的价值呢? 在人们给出的答案中,总会提到该书自身的两个相关特征:其一,它对"博雅教育"(liberal education)理想的辩护;其二,纽曼散文的诱人魅力。

书中关于"博雅教育"的三个核心章节经常被摘录出来单独讨论,但我们若能不顾其巨大声誉,而是尽可能用开放的心态**通读**全书,就会为它的疏离淡漠、晦涩难懂,乃至其压倒性的教条主义深感惊讶。纽曼当时是在向天主教徒们证明天主教机构存在的合理性,因此他在书中不仅把天主教的真理视为一个毋庸置疑的前提,而且强调他所管理的机构要维护神学及正确的宗教教义的核心地位。此处仅举两例,说明该书在宗教问题上可能给现代读者带来的理解困难。首先,在阐述神学在大学中的核心地位时,纽曼坚称:"宗教真理不仅是常识的一部分,也是其先决条件";以及"正当理性,即被正确运用的理性,会将心灵引向天主教信仰"。严格说来,纽曼这种说法很可能意味着,只有按照如上思路建立的天主教大学,才能真正地培养常识。其次,在探讨神学与其他学科的关系时,纽曼再次做出惊人之论。譬如,在考虑政治经济学原理的真实性和地位(这在当时是一个极为热门且富有争议的问题)时,他指出:"人们显然会问宗教及《启示录》在这个问题上有何指示,不能任由政治经济学做出对自己有利的判断,而应使之接受更高级法庭的审理。"更令人震惊的是,在讨论历史等学科在课程安排中的地位时,他宣称《启示录》提供了真正的知识;倘若没有这些知识,其他学科就会变得贫瘠匮乏、质量欠佳,"因此,在历史科学中,我们的种族通过挪亚方舟得以存续是一个历史事实——如果没有《启示录》,历史永远不会得出这个结论。"

不消说,这些说辞并非此书长期受人欢迎的原因。它之所以在后来的世俗公众中取得显赫地位,显然取决于纽曼对所谓"博雅教育"理念所做的一番阐释。该理念在名为《知识本身即目的》《知识与学习的关系》和《知识与专业技能的关系》这三篇核心文章中得到具体论述。这些文章,正如任何有趣且经久不衰的文章一样,展现了形式与内容的不可分割性。在这些文章中,纽曼指出,大学提供的是博雅(liberal)教育而非专业（professional）教育。这一观点的传达方式，与其说是直白的命题陈述，不如说是将演讲术、礼拜仪式（liturgy）与诗意结合，从而形成独具风格的腔调和共鸣，渗透到读者的头脑中。通过一连串富有欺骗性的变化，纽曼行文的乐章回到了单一的副歌，即这种教育的目的是将学生从各种形式的片面性中解放出来。他以一种亚里士多德式的论调指出："只有被奴役者和天真者才不知晓事物的相对性"。与此相反的，是由博雅教育培养出来的通透状态："通过教育形成持续一生的思维习惯。它拥有自由、公平、冷静、节制和智慧的特质。这种受过教育的状态，或可用我在之前论述中提到的'哲学习惯'来描述。"这一系列互为异质的个人特质，共同指向一种介于人生观和性格类型的东西，主要体现在对于任何激愤、激情和偏执的回避上。它类似于哲学家所称的"二阶"品质（"second-order" quality）：对知识渴求的性格与处理知识的视角，而不是关于任何具体事物的知识。可见，纽曼的大学理念具有一种"无物"（contentless）的特征，我们稍后还会回到这一点。

在对纽曼的散文进行批判性细读之前，我不想让人觉得，我无法欣赏纽曼散文的魅力，或我为它后世获得如此众多的崇拜者而感到惊讶。我当然能领会纽曼作品的妙处。譬如，他指出，博雅教育所培养的品质未必能够促进道德美德的形成，他是这么表达这一观点的："你去用剃刀开采花岗岩吧，或用丝线系泊船，然后你兴许就能明白，我们无法指望用人类的知识和理性这样锋利却脆弱的工具，来对抗如巨人般的人类激情和傲慢。"谁能不为如此坦率的承认而激动呢？另外，针对其他流行的大学理念，他指出，若仅仅把大学视作各个学科的拼盘，那么大学就会沦为"集市（bazaar），或伦敦的家具大卖场（pantechnicon），各种商品杂乱无章地堆放一处，在相互独立的摊位上出售"。谁能不认同纽曼对于这些大学理念的谴责呢？这些观点和譬喻，无不精妙而犀利。不过，纽曼下面的这句话，恕我无法苟同："没有任何一种职位能像教授那样，将崇高的社会声望与轻松的责任和劳动完美结合。"[6] 必须强调，无论这句话的措辞多么优雅，都与我们当下的境况严重相悖。

在《知识与专业技能的关系》这一著名章节的末尾，其段落的节奏韵律很好地呼应了纽曼的观点，并凸显了他提出观点的独特方式，因此这段话值得被较为完整地摘录于此。他坚持认为，博雅教育确实有一个实用目的——"培养良善的社会成员"。他写道：

大学教育，以一种伟大而平凡的手段，实现一个伟大而平凡的目标：它旨在提高社会的智识水平，培养公众的思想，净化国民的品位，为民众的热情提供真正的原则，为大众的志向提供明确的目标,拓展这个时代的思想并使其处于清醒的状态,促进政治权力的行使,并完善私人之间的生活往来。大学教育不仅让人清醒地认知自己的观点和判断,还能让人正确地发挥之,雄辩地表达之,有力地强调之。这种教育教人看清事物的本来面目,直奔主题,理清杂乱的思绪,明辨诡辩的成分,摒弃无关的信息。它使人有足够的能力胜任任何岗位,轻松掌握任何科目;这种教育教他如何适应他人,如何进入他人的思想状态,如何向他人呈现自己的思想,如何影响他人的想法,如何与他人达成共识,如何对他人耐心而宽容。如此良善之人,他在任何社会都感到自在,与每个阶层的人都有共同点;他知道何时说话,何时沉默;他既能交谈,亦可倾听;他问必切题,若自己无法回答,就从别人的回答中受教。他时刻做好准备,但从不碍事;他是个愉快的伙伴,是你可以信赖的同志;他张弛有度,知道何时该认真,何时该嬉闹,他有一种精准的策略,使他嬉闹起来风度翩翩,认真起来效果显著⋯⋯

在纽曼滔滔不绝的论述中,我们不禁再次注意到,在这段摘录的开篇,能量和活力被假定来自外部,来自社会,并被认为是潜在的危险力量,需要大学的抚慰来让它们平静下来,如

"民众的热情"缺乏"真正的原则","时代的思想"缺乏"清醒",等等。然后,随着这段话的延伸,话题也发生了转变。在段落开头,他的叙述关注点在于使一个人能够胜任所有岗位、承担所有任务的素质,而段尾则转向了使他在社会上受欢迎的素质。

说得刻薄点,这种博雅教育美则美矣,只是似乎没有很好地教授这一点:为自己辩护时应该注意分寸。纽曼自信的咒语在我们耳边响起时,我们一定会想,他是不是把标准定得有点高了?一个人在18岁左右进入大学的某个专业学习三年,真的可以达到上面列出的所有目标吗?纽曼的表述与当代"课程宗旨和目标"文件中的表述相去甚远,这令人感到不安。很少见到当代的大学教师会在院系手册上宣称,他们的课程旨在培养一个"知道何时该认真,何时该嬉闹"的人。显而易见,我们这里看到的是古典教育(*paideia*)①的声明,一种塑造全人的理想,一个关于自我培养和性格形成的终身课程的早期阶段。但比这更重要的是,纽曼的论述向我们展示了一个理想社会的蓝图,后者介于希腊城邦、贵族俱乐部、哲学研讨会和有修养的沙龙之间。至此,大学似乎只是一个转喻,这个

① *paideia* 音译为"拜德雅"。源自希腊文,指古希腊时期全面的人文教育体系,教授包括体操、语法、修辞、音乐、算数、地理、哲学、医学等课程,崇尚以文化陶冶个人,从而实现德、智、美、体的均衡发展。该词体现了雅典城邦的教育理想。

堪称典范的场所,代指了整个人类生活的理想。

确切地说,在纽曼的眼里,大学并不代指全部生活,因为尽管他用语言编织了大学所代指的一幅宏伟瑰丽的理想生活的壁画,但是他认为,这种人类生活缺失宗教信仰,显示出致命的匮乏。他提醒我们,"绅士"是文明的创造,而不是基督教的创造。事实上,他曾在一句话中坚持认为,尽管博雅教育在某些方面与基督教"一致",但在其他方面,这些知识却可能成为基督教"阴险的敌人"。此处,他再次诉诸更高的权威——《启示录》,这也又一次体现了他在牛津的魅力和罗马的权威之间的摇摆不定。这样的立场,可能会让很多引用纽曼的人大跌眼镜。

若暂且聚焦于他对博雅教育的辩护上,我们会发现,其论述的手段和目的之间比例失调,甚至毫无关联。这可能会让我们意识到,大学教育的合理性是难以论证的,以及纽曼对博雅教育的辩护,是针对某些特定的指控和预期反应而进行的。毕竟,纽曼在这些核心章节中所施展的高超修辞技巧,是为了吓退那些支持实用性的人。对此,我们只需回忆一下,他是如何将培育心灵描述为博雅教育之核心,进而成为"大学之要务"的。在接下来的段落中,纽曼这样写道:

> 这正是一些伟人所难以接受的;他们坚持认为,教育

应该局限于某些特定的、有限的工作，以及可以被衡量的具体事务。在他们的论辩中，好像每一件事和每一个人都有其价格，并且投入和回报需成正比。他们声称这让教育和教学变得"有用"(useful)，而"实用"(Utility)正是他们的口号。在这种基本原则的指导下，他们很自然地质问大学开支的用处，以及在市场上被称为"博雅教育"的商品的真正价值。他们的假设是，这种教育没有明确地教我们如何推进制造业，如何改善农田状况或市民经济；这种教育不能立即让这个人成为律师，那个人成为工程师，另一个人成为外科医生；或者这种教育不能促进化学、天文学、地质学、磁力学和其他各种科学方面的发现。

从这段话中，在易于被识破的伪装下，我们辨识出了大学拨款委员会和评估狂热的始祖；我们预见到了宛若狄更斯(毋宁说奥威尔?)笔下充满喜感的讽刺名称"商业、创新和技能部"；我们能看到一种对"影响力"近乎滑稽的错误追求；我们还能看到STEM科目(科学、技术、工程、数学)至上的早期迹象。请注意，纽曼行文非常谨慎，没有将他的受众或读者群与文中的立场等同。这种立场被归为他人，并以第三人称复数的方式使其疏远。在文中，纽曼对这种立场所蕴含的价值观表示不满；这些价值观的支持者"仿佛"认为他们的前提是真实的,或是基于一种对结果的"推断",等等。在这番论辩中,纽曼没有放弃他的优势,而他的优势确实很大。

然而,为了回应引文中的批判,纽曼随后采取的策略是颇为奇怪的。他没有直接回应这些反对意见,而是开始赞美他曾担任过研究员的牛津大学奥里尔学院(顺带一提,他试图将其描述为一个本质上的天主教机构),尤其赞美19世纪初该学院的院长和研究员——爱德华·科普利斯顿(Edward Copleston)和约翰·戴维森(John Davison)。1808至1810年间,两人率先为牛津大学辩护,反对《爱丁堡评论》(*Edinburgh Review*)发表的一系列文章中对牛津大学的批评。[7] 在上面的引文中,《爱丁堡评论》的撰稿者们被纽曼刻画为实用主义的代言人。令人称奇的是,他这个著名的章节在各种现代版本中大约有16页,其中居然用了7页的篇幅援引科普利斯顿和戴维森文章中的长篇论述。因此,虽然纽曼对博雅教育的辩护在当今仍具影响力,但其论证不仅是建立在对于19世纪初未经改革的牛津大学的辩护之上,甚至引用了与前人完全相同的一套说辞。人们通常认为,当时的牛津大学是在漫长的高等教育史中最不值得为之辩护的案例。于是,在21世纪初的多元化高校中,我们仍然试图用一位维多利亚时代的天主教神学家的话(具体来说,是纽曼试图将牛津大学移植到都柏林时所说的话)来为我们的活动辩护,这已经够不乐观了。然而更不妙的是，他的辩护竟然依赖两位学者在更早的时候为牛津大学所做的辩护，而彼时的牛津，与18世纪因为爱德华·吉本（Edward Gibbon）和亚当·斯密的指责而臭名昭著的牛津相差无几。这简直是在开历史的倒车。

纽曼流畅的散文一次又一次地描述了博雅教育的效果。不过，他并不描述学生学到了什么，也不提及学生具体获得了怎样的技能，而是更多关注学生与知识的关系，他们处置知识的方式，以及他们判断自己的知识在广阔的人类理解版图中的位置的能力。在他极为有力而怪诞的修辞表达中，他还进一步将博雅教育的效果描述为一种存在方式，即一个人的所有行为都散发出某种平衡稳健或沉着冷静的气质。纽曼所勾勒的教育理想是诱人的，但如上所述，也是异常空洞无物的。在纽曼的论证结构中，受教育的反面与其说是无知，不如说是"片面"：即处于不完善的知识的控制之下，对事物的态度过度热烈，且缺乏作为哲学修养标志的镇定沉思。在这方面，纽曼赋予博雅教育的价值，类似于马修·阿诺德[①]仅在几年后提出的关于"文化"对个人性格塑造的论断。（当然，这种相似性绝非偶然，因为阿诺德在很大程度上借鉴了纽曼，尤其是在难以捉摸的语气问题上。）

[①] 马修·阿诺德（Matthew Arnold, 1822—1888），英国维多利亚时期的文学家和社会批评者，以其著作《文化与无政府主义》对大众文化的批判而闻名。

纽曼的书之所以长盛不衰，可能是他没有把大学的作用与任何特定的学科或正典联系起来，因为时过境迁，这些学科或正典可能很快沦为明日黄花。显然，他假定典雅入流的传统研究科目，譬如哲学、古典文学和历史学，都将在神学的总体管辖之下占据中心位置。值得注意的是，纽曼通过风格和语气、通过关系性而非内容性的方式，来为他的博雅教育辩护。换句话说，纽曼对博雅教育的辩护能流传至今，不在于内容，而在于其风格、语气，以及事物之间的关系。他提供了一种可移植的修辞方法，从而可以适应各种文化和教育传统的需要。这种辩护允许博雅教育的优势与各种各样的后续职业共存、兼容，而基于技能或内容的教育则无法做到这一点。纽曼说："因为有修养的才智本身就是一种善，它为其所参与的每一项工作、每一种职业带来一种力量和优雅，使我们能够更有用，对更多人有用。"显然，最后两个措辞旨在通过描述一种更高级的、更全面的实用性，来制胜职业所需的那种实用性。不过，这种描述又一次止步于难以捉摸的普遍事物上——这种教育，无论其具体内容是什么，都能让人们具备做任何事情的能力。

纽曼的大学之辩夸大其词，对此我们还可以从另一个角度来思考。如前所述，他对博雅教育理想的描述越是激动人心，越是包罗万象，我们就越是难以相信这些美德可以通过在十几岁时花三年时间学习某个特定科目而获得。不止如此，我们还应该注意到，19世纪上半叶，英国大学的实际情况会使这种教育结果看起来更加令人难以置信。原因有两个。

首先，这些伟大的目标，要通过接受范围狭窄的传统科目的训练来得以实现。这些训练包括希腊语、拉丁语及部分数学（主要是欧几里得几何）。在实践中，这种范围狭窄的课程近似于一种思维训练，而不是文化遗产入门。科普利斯顿对爱丁堡评论家们的苛责进行抗辩的时候，曾将此作为他的辩护要点；正是由于这些学习内容无法应用于当代社会，它们纯粹是为了训练思维。这一教育理念再次呈现出我之前提到的"空洞无物"这一特点。当纽曼的铿锵话语在我们耳边回响时，我们被告知，学生所获得的是一种集"判断力、清晰的视野、敏锐的洞察力、聪慧和睿智、哲学上的思维能力，以及智力上的自持和镇定"于一体的思维能力。我们不免觉得，仅仅凭借语言训练，让学生获得将英文诗歌翻译为拉丁警句的能力，就指望他们获得如此这般的思维能力，这样的期待似乎太高了些。可见，纽曼在对博雅教育的辩护中，手段和目的之间的悬殊似乎总是困扰着他。

其次，19世纪中叶早期，很多暴躁的年轻绅士和愚笨的牧师都是这种教育体系培养出来的，他们似乎完全缺乏纽曼论及的大学应当培养的品质。与此同时，纽曼似乎暗示，这些人类必需的智识品质，**只能**被那些恰巧付得起学费、又服从这一大学制度的人获得，而且这种制度仅仅存在于英国的两个商业小镇①。依照纽曼的论述，一个人如果要获得这种哲思能力，他似乎必须在这两个独特的机构中的一所念几年书。这难免使人讶异：过去曾在两所大学生活和学习的豪杰（纽曼在别的地方颂扬了这些人物的智识和文化成就），竟然挣扎着走出了片面性的泥潭，并克服了普遍的思维僵化，真不知他们是如何做到的。现如今，即使对大学教育极富善意的辩护，也潜藏着修辞泛滥的现象，有过度美化之嫌，以至于怀疑论者暗自思忖，是不是只有被英国高校招生办②成功录取的人，才能形成反思能力、分析能力，并使这些能力在大学教育的摧残中完好无损。

为大学辩护，似乎不可避免地引发修辞过度、过犹不及的问题。那么，我们该如何看待纽曼论证中的这种修辞泛滥，以及论证的手段与目的之间的严重失调呢？在与"实用性"支持者的论战中，纽曼的火力不仅比对方的更为强大，两者似乎根本就不是一个数量级的。他像一名优秀的辩手，在我前文引

---

① 即牛津和剑桥。

② UCAS，全称为 Universities and Colleges Admissions Service，英国的高校招生服务处。它是一个独立的慈善机构，提供信息、咨询和招生服务。

用的这段话的结尾处提醒读者,他冲破了敌军的"有用性"堡垒,转败为胜:"从目标来看,这种能够塑造全面人格的技艺,与追求财富与健康的技艺,同样有用"。我一开始问的是,实用主义的拥护者怎么没有在很久以前就一劳永逸地赢得这场争论。然而,读到纽曼这一著名章节的末尾,我要问的则是,面对希腊化的西方传统的枪林弹雨,实用主义者竟然斗胆提出他们可笑的意见。

在大学有用论和大学无用论之间的反复对峙中,修辞泛滥是一个常见的特征。持大学无用论的人不也**总是**迫不得已地夸大其词吗?提倡教育的非工具性的措辞——如人们现在常说的,提倡真正的教育而非单纯的培训——似乎不可避免地诉诸最普遍、最理想的人类品质,诉诸就文明社会的愿景和人生目标所做的种种高谈阔论。在抽象的意义上,这些特质也许能让它们胜过关于提升劳动力素养,或增加国民生产总值的主张,但这注定是一场空洞的胜利,因为这两种类型的辩护属于全然不同的话语体系。不仅如此,当下提倡教育的非功利性时所面临的困难,与我刚才在纽曼的文字中发现的问题相似:教育手段必然是有限的,因此我们很难看出,雄心勃勃的教育理想何以通过这些有限的手段来实现。这些教育目标的实现,似乎并不需要大学传授任何具体的学科内容。毕竟,对各种材料的研习都可能让学生变得更有剖析问题的能力、更有鉴别力和表达力。因此，仅考虑这种教育所产生的效果，人们似乎没有充分的理由非要了解卡洛林王朝的君主或米尔顿的诗歌形式，而不是其他知识内容。

3

现在，我简单探讨一下另一条并行的思想脉络。在本书第二章所概述的大学简史中，我们得出了一个观察结论：最初为了一系列实际用途而引入的课程，逐渐超越了实用性，最终确立了自身的学术性，自成一门学科。可以说，在某种意义上，这就是古典学的漫长发展历程。它首先是牧师或政客在上任前的筹备内容；几个世纪后，它成为绅士修养的象征；现如今，它成了"无用"学科的最佳范例。与古典学一样，历史学也经历了类似的变化。在维多利亚时代，历史学的拥护者们认为，它是对政治家和行政官员的实用训练；现如今，历史学却成了一个辽阔的学术帝国，拥有无数的研究领域和学科分支，这在一个世纪前是人们做梦都想不到的。东方语言或人类学等学科亦如此，它们最初旨在培训殖民地的行政人员，现在却被扩展成了纯粹学术性质的事业。在当今的社会政策或教育学等学科中，我们或许也能看到大致类似的变化。这些学科最初的教学和研究都有着非常实际的目的，但它们现在已经产生了理论争鸣、专业期刊等一系列学科附属品。这种模式凸显了大学与其他看起来类似的机构——比如商业公司的研发机构，或各种政治智囊团——之间的一个关键区别：后者更多是为了一个完全实用的目的而对某一主题进行探究，这一探究活动由严格的外部标准来定义，它若不再服务于该实用目的，就会被搁置；此外，这些机构对主题的边界、所用词汇的特点、所产生的知识的重要性这种所谓的"二阶探究"（second-order enquiries）不感兴趣。相较而言，学术性学科的一个标志是，这种二阶探究永远不能事先被认定为不合理或无关紧要的。当人们可以自由思考而不必服务于某个外部目的时，这种二阶问题便开始散发出诱人的魅力。

这里，我们可以将之与英国高等教育史的另一特征联系起来（我在第二章中也提到了这一点）：随着时间的推移，那些原本为现有大学提供替代模式的机构——譬如早期的"城市"大学（civic universities）、高级技术学院（Colleges of Advanced Technology）或理工学院（polytechnics）——也开始具备主流大学模式的诸多特征。此外，那些试图以其他方式打破常规的大学（如1950年代的基尔大学），或一些所谓的"平板玻璃大学"（如1960年代的萨塞克斯大学），都及时放弃了本可使其独具特色或具有革命性的教育模式，而选择了以单一学科为基础的主流学位模式。因此，学科和机构的发展模式都呈现出所谓"向学术偏移"的特点。这显然不仅仅是由个别学者的自我利益或职业野心造成的。这里，我们从另一个角度来探讨有用和无用之间反复出现的冲突。

在强调这些争论的反复重现时，我并不是说它们没有任何重大的历史变化。总的来说，整个 19 世纪和 20 世纪初，我们可以看到一种或可被称为前资本主义（pre-capitalist）的文化态度的持续存在。这种文化态度有助于维系一种公共话语，人们诉诸这种话语内含的某种传统精英主义价值观，来为博雅教育的理念辩护。然而时至 20 世纪下半叶，主流话语相继变得更民主、更功利主义、更经济主义，而如今则更为民粹主义。如前所述，大学在某种程度上一再表现出向更纯粹的学术方向发展的趋势。在这样的大环境下，大学若被诟病为顽固守旧，也不足为奇。这有助于解释政府和工业界的历任发言人的恼怒。他们说，"当然，这些变化以前就有了。可是此时，在我们的社会需要发展经济之时，大学却再次自甘堕落，毫无用处"。

这里，就有用与无用反复较量这一问题，我们开始触及更深层次的解释。智识层面的探究本身是不可控制的，正如科学史充分说明的那样，倘若任由思想驰骋，人们是无法预测其走向的。人们时而会说，大学对知识的追求是"以知识本身为目的"，但这种描述忽视了一个事实，即人们追求不同类型的理解，往往是为了实现各种各样的目标。我们最好这样描述大学的智识生活：大学对理解力和认知力的追求永无止境，批判的本质总是在揭露任何已知终点的主观武断。当人类的理解力未被某一特定的工具性任务束缚时，它总是不安分的，总是在向前推进，尽管其方向不是单一的、明确的或完全可知的。而在这个认知旅程中，我们在任何一个时刻都无法笼统地、抽象地断言，我们正在追求的知识已经从有用变为无用了。

换句话说，某物在某一时刻被归为"有用"还是"无用"，并不取决于主题内容本身。几乎任何主题都可以归入这两个范畴中的任意一个。确切地讲，区分两者的关键，在于对该主题的探究是否是在无限制的情况下进行的。也就是说，这种探究不只受制于验证假设或修正错误，而是本着开放的心态去寻求更强的理解力，认为这比任何具体应用或中间结果都更为重要——这也是一切知识生产的应有之义。可以说，此乃学术性学科的重要标志。因此，试图改变大学，让学者和学生只研究"有用"的事物，最终必然会以失败告终。这种尝试本身也会造成无尽的危害。在对某一特定主题进行系统理解的过程中，人们往往会对该理解的前提及其局限性做出进一步反思，但这些前提或局限性本身并不能完全局限于或服从于当前的使用目的,而是指向更远处、更深层。此外,当下的具体应用很快就会过时,它们所引发的探究却不会,至少它们会被吸纳入更大的探究中。政府或其他代表"社会需求"的部门,会不时地努力将人们的精力转移到一些目前受欢迎的实用性强的方向上,这部分解释了"有用论"的支持者对"无用"研究的指手画脚。

可以说,大学作为一个受保护的空间,它为学生的未来人生打好基础。这个空间的环境和教育方式,会鼓励学生了解任何知识的偶然性及其与不同知识的关联性。要做到这一点,教师自己需要不断超越其所教授的知识范围;在陌生的知识领域,教师无法预先规定哪些方法有效、哪些方法无效。本科教育应该让学生参与科研,体验对某一特定事物的探究活动,且心无旁骛地专注于如何提高对该探究主题的理解。大学教育和专业培训之间的大致区别是:培训仅仅传递信息,而教育则把这些信息相对化、关系化,并不断对其提出质疑。在这个意义上,教育鼓励学生认识到,知识并不是固定的、永恒的、普遍的或自足的。这种训练几乎适用于任何学科,尽管它只能通过与某一**具体**学科的接触来完成,而不是简单地摄取一套关于知识偶然性的抽象命题。而且,某一特定领域的研究传统越是复杂、完善,获取和修正认知的过程就越是严苛、艰难。现如今,纽曼所说的"博雅教育"已经成为一个比喻或转喻,指的正是教育中这种超出职业培训范围的内容。

在捍卫博雅教育的过程中,纽曼试图表达一种与"片面性"截然相反的高质量的认知,而他的修辞泛滥,可被视为这一过程的副产品。当心灵历经一系列"更广阔的视角"(空间隐喻)而被"扩展"(另一常见的空间隐喻)时,我们无法轻易地描述它究竟发生了什么变化。我们也无法轻易地描述,当一个主题被当作学术学科的一部分来研究时,集体层面的认知和理解发生了怎样的扩展。根据定义,能够"从各个方面"或者能够"全面地"看待某事,这本身并非一项专长,而是被反思性理解所激发出来的一种潜力。这是一种只能部分实现的潜力,因为任何知识框架(恰巧又是一个空间或结构的隐喻)总是可以被拆解或吸收到一个更大的框架中的。

纽曼关注本科生的教育,关注那些受过博雅教育的人们身上的特质,但当他描述这种教育的结果时,他的语言一再呈现出从狭隘到宽广、从封闭到开放、从固定到流动的变化模式。纽曼的论据可以简要概括为:在大学中,这一变化不仅被容忍,而且是让大学保持活力的基本原则。我们如今对纽曼"博雅教育"的理解,也许正是它所传达出来的这种探索的无限性,它不仅剥离了阶级关联,还摆脱了教条式神学的限制。我们可以把他的雄辩腔调重新改写为具体的观点和主张,改写后的语气变得更加温和,其所传达出来的野心却丝毫不减——大学教育试图让学生意识到,在其他情况下被认为是恒定不变的知识,实际上具有偶然性或脆弱性。

显然,从当今的视角观之,纽曼的大学理念似乎与阶级和性别高度相关,他心目中的理想大学旨在帮助年轻的绅士们完成社会化,从而日后履行与他们的身份相称的社会义务。与此相应,他强调大学生住校的重要性,认为住校可以增进同学之间的社会交往,并将伦敦城市大学贬斥为被美化了的学位工厂(在这种城市大学,学生上课主要是为了准备考试)。他的理想显然是19世纪初牛津大学的一个理想化的书院,后者相信,未来统治精英的性格塑造与一小撮有闲知识分子对学生的智识培养之间,有着内在而非偶然的联系。有人出于势利和虚荣心态对这一理想进行仿效,此举无疑助长了人们对纯粹有用性的鄙夷态度,正如维多利亚时代的人为回应政府在主要地方城市建立新的公民大学而创作的打油诗中所讽刺的那样:

> 在利物浦和伯明翰,
>
> 他获得了制作果酱的学位。[8]

然而,纽曼精英主义的一面,并不妨碍人们引用他的观点,很多引用者都希望通过援引纽曼的观点来为其研究机构辩护（正如我上文提到的，所有的机构都倾向于逐渐发展为研究型机构），虽然纽曼一定会鄙视这些人的做法。

我们笨拙地称为"非虚构散文"（non-fiction prose）的作品若要永葆生命力，并对后世产生影响，它需要有个人声音的力量，以及针对具体问题的论辩激情；它必须有饱满的创作能量，迸发出机智或愤怒的火花，从而呈现出一个人的感受力如何触及问题的核心。论辩的原委必然会发生变化，眼前的激情也终将消退，但诸如此类的交锋可以激发作者做出更加普适性的陈述。未来没有人会重读管理者逐条列出的要点，也没人在乎委员会编写的"使命宣言"，更不会受其启发。然而，经典作品却能保持长盛不衰的生命力，为各个世代的人反复品读。想一想与纽曼《大学之理念》并肩的其他几部维多利亚散文经典吧，譬如马修·阿诺德的《文化与无政府主义》、约翰·斯图尔特·密尔的《论自由》（*On Liberty*）或约翰·罗斯金的《致后来人》（*Unto This Last*）。这些作品最初可能只是为特殊场合而做的演讲或文章，却无一不迸发出论辩的活力，作者与一系列当代论点的激烈交锋，使他的雄辩超越了论辩本身，淬炼出普世价值。这种模式颇具启示意义，它告诉我们，如何创造出属于我们这个时代的大学之辩。

4

1858 年,纽曼最后一次从爱尔兰回到英国后,他在伯明翰修道院度过了他生命中余下的 32 年,那时修道院已经搬到了埃德巴斯顿(Edgbaston)。纽曼于 1873 年出版了《大学之理念》一书。仅仅两年后,工业家约西亚·梅森(Josiah Mason)在该市建立了梅森科学学院(Mason College of Science),这就是伯明翰大学(University of Birmingham)的前身,也是英国第一所拥有商学院的大学。纽曼与这所大学在地理位置上的临近,在文化理想上的遥远,很大程度上可以代表纽曼与(后来经历了大规模扩张的)英国高等教育之间的关系。在一个愈发功利的高等教育系统,纽曼一直是一位神秘的隐士,他阴魂不散,谴责当代高等教育的宗旨,因为后者有损于真正的大学理念。

无论如何,阴魂不散也是一种在场。马克·帕特森(Mark Pattison,1813—1884)是牛津的另一位重要人物,他通常被认为代表了大学作为理想研究之地的另一种大学观念。从一项关于他的近期研究中,我饶有兴致地了解到,"直到生命的最后一刻,帕特森在他书房的壁炉台上,还保留着一张装裱过的纽曼照片"。[9] 150 年来,纽曼的照片一直安放在众多英国大学的壁炉台上,这其中的缘由,部分是为了炫耀其不俗的社会关系;部分是为了纪念过去的美好生活,宛如大学聚会的邀请函;部分是为了避免因移除它而引发的抗议;部分是为了遮盖墙壁上没钱修补的裂缝。

我曾指出,我们不应该自欺欺人地认为《大学之理念》所描述的大学与我们今天的大学如出一辙,也不应该认为它为我们提供了随时有效的辩护论据。但诗歌、演说和仪式都有一个共同点,即它们能够激起我们对一些无法完全命名之物的认知。纽曼的书同时具有这三种体裁的特点,它的长盛不衰,表明它依然葆有这种激荡认知的力量。21世纪的大学,需要同等力量的文学声音,它使用我们当代的话语阐述这一教育理想——不受约束地追求智识,提升人类的理解力。这样的作品被书写之前,我们有充分的理由将纽曼的照片留在壁炉台上。

4

人文学科的品格

1

人们如今谈及大学，总是难以确定人文学科的教学与研究的性质，从而难以解释人文学科的价值。在这方面，衡量科学、医学和技术等学科的价值要容易得多。事实上，公众对后一种学科的理解，未必一定比其对人文学科的理解更全面、更准确，但就"发现"自然界的真相，并将这些发现应用于改善人类状况而言，人们总能举出一个大家耳熟能详且容易理解的例子。当然，我们也可以抛出一个颇有说服力的例子，证明理解人类世界同样重要，但若只从"发现新真理"的角度来证明这一点，那就会引人误解。况且，人们对人类世界认知水平的提高所带来的直接好处，难以言简意赅地说明。因此，人们就人文学科所做的公开声明,往往依赖一系列抽象名词,尽管这些词语在某种意义上是恰当而准确的,但听起来难免给人一种虔诚而乏力之感。

此外,人们对人文学科的理解,还面临另一重困难。目前形势下,让人们**描述**人文学者的工作,无异于要求他们为之**辩护**。诚然,所有的描述都内含评估成分,因此任何描述行为都可以达成辩护的目的。但正如我所指出的,所有证明某一活动的正确性的企图中,都必然存在防御成分——辩护者往往假定,要求自己做出辩护的人是冷漠无情的,与自己有着截然不同的看待问题的出发点,并预料自己的辩护将遭到对方的抵制或蔑视。这一章的书写,并非本着这种防御的心态。相反,它试图以相对轻松的方式,探询人文学科在做些什么,以及(至少某些)人文学科的实践到底是什么样的(我要集中讨论的实践,是学术活动而非教学活动,尽管两者的界限并不像人们通常认为的那样分明)。在探询的过程中,我将对一些常见的错误观念发起挑战。在对人文学者的工作进行一番描述之后,我将在最后一节阐述如何更好地"捍卫"人文学科这一棘手问题。

在当前的背景下,关于人文学科的工作最值得一提的也许是,它在许多方面与自然科学和社会科学的工作没有太大区别。所有学术研究和科学探索的核心,都是力图达成理解、做出解释,这些活动大致遵循类似的准则:准确性和精确性、论证的严密性和表述的清晰性、对证据的尊重及面对批评的开放性,等等。生物学家与历史学家一样,会以他们自己的方式系统而冷静地审视相关证据;物理学家与哲学家也一样,会以他们自己的方式使用抽象而精确的概念和符号。各门学科之间、各个学科群之间,可以从方法、主题、结果等方面,划分出各式各样的区别,但这些区别并不都能严丝合缝地映射到各个学科和学科群上,从而使之成为两个相互排斥的对照组。归根到底,所有学科都有一种冲破学科界限、实现开放式理解的相似内驱力。出于这样的原因,所有学科都与大学的繁荣发展休戚相关。现如今,人们通常把人文学科拎出来单独讨论,对此我们应该秉持谨慎的态度,以免助长人们形成一种懒惰的观念,即认为只存在"两种文化",而这种陈词滥调的大多数版本都具有误导性,阻碍人们理解各个学科之间的内在关联。

当然,出于各种机构的目的和实际的理由,某些学科必须组合在一起——与此同时,我们应该意识到:首先,不仅在不同的国家,甚至在同一个国家的不同大学,学科界线的划分标准都不尽相同;其次,这些学科组合会随着时间的推移而变化。目前,"人文学科"(the humanities)正好代表了这样一个语用组合。但值得注意的是,这样的组合安排,以及这一标签的使用，都是新近才出现的。19世纪，人们主要使用几个更传统的词来指代人文学科，譬如"文学"(letters)或者(在更为理论化或更具自我意识的背景下)"道德科学"(moral sciences)；随着时间的推移，英国大学逐渐使用"文科"(arts)作为"理科"(sciences)在组织结构上颇为合宜的反义词。"人文学科"这一术语在19世纪并不被广泛使用，它通常指的是古典学研究，而其单数形式(Humanity)可以当作拉丁文学的同义词来使用(譬如，在苏格兰的几所大学，拉丁文学教授到了20世纪下半叶还被称为"Professor of Humanity")。到了20世纪中叶，复数形式的"人文学科"才以其当代的意义在美国流行起来。该词的流行，在某种程度上是为了回应彼时咄咄逼人的实证主义，后者提倡将所谓的自然科学方法作为所有真知的基础。20世纪40—50年代，"人文学科"的使用在英国越来越普遍。1964年，"鹈鹕经典丛书"(Pelican Original)中的《人文学科的危机》一书的出版引发热议，书名中使用的"人文学科"在当时却并未受到争议。[1]然而，这段简史显示了两个相关的主题，它们现在仍然是许多关于人文学科话语的特征：首先，人文学科基本是处于被动处境，因此往往具有强烈的防御或辩护意味，而大多数关于"科学"话语则不然；其次，人文学科几乎总是处于"危机"之中。在过去的十年里，美国出现了大量关于人文学科危机的文章，而在英国大学的人文学科院系中，为了响应政府最近出台的政策，也明显存在着与美国类似的严阵以待、抵御威胁的冲动。

根据最新版的《牛津英语词典》，"人文学科"有如下定义："与人类文化有关的学科门类，包含历史学、文学、古代语言和现代语言、法律、哲学、艺术和音乐等学术科目。"如此定义，恰如其分地凸显了这一术语的学术地位，它所列举的学科也不会引起太多质疑，不过可能需要说明的是，艺术和音乐通常只有被当作学术研究对象（例如，艺术史或音乐学）而不是创意实践时，才属于人文学科。在词典编纂学的角度之外，"人文学科"这个标签现在也囊括一系列其他学科，这些学科试图跨越时间和文化的障碍，理解作为意义承载者的人类之行动和创造，重点关注的是与个人或文化独特性有关的问题，而不太关注那些易受统计学或生物学所影响的问题。相比人文（研究人类世界）与科学（研究物理世界）之间的迂腐区分，一种更好的表述方式或许是：人口统计学或神经心理学这样的学科虽然是研究人类的，但只是偶然地把个人或群体当作意义的承载者，所以我们通常不会把它们归入人文学科。这样的定性方式，不允许在人文科学和社会科学之间做出硬性的区分：通常被归入后者的一些学科，不仅表现出鲜明的理论特征或量化特征，还显露出人文学科所特有的阐释维度或文化面向——政治学、人类学、考古学都属于此类社科学科，尽管它们有着各不相同的人文属性。有时，同一主题可能同时属于（被假想的界限划分出来的）两个相邻学科：譬如，政治思想不仅由政治学家来研究，也由思想史学家来研究；过去的社会行为不仅对社会历史学家有用，对社会学家也同样有用。对于思维缜密的分类者来说，语言学是一个特殊学科，它既与语言史家乃至文学评论家的研究兴趣有一些共通之处，也与实验心理学和声学在方法论上存在共同点。

面对"人文学科"边界的多孔性和不稳定性，有人设法将这个词限制在某种不容置疑的中心地带，将这个标签局限于对西方思想精华和文学经典的研究。这种反应在美国近来针对人文学科所扮演的角色的讨论中，尤为清晰可见。在美国，人文学科的焦点一直是教育教学法，倾向于为研读文史哲经典文本的"伟大之书"课程（"great books" courses）辩护。[2]但是，以这种方式限制"人文学科"的意涵，不仅完全违背了业已确立的惯用法，而且一些现实理由也导致这种做法不可取。这个标签须涵盖完整的古今学问和学术积淀，比如古代语言和现代语言研究，以及历史、艺术、音乐、宗教和文化等领域的包罗万象的研究，而绝不仅限于研究伟大作家和哲学家的作品。

这看似只是一个分类学的问题——对于那些因从属于某一范畴（而非另一范畴）会带来利害得失的人而言，分类问题很重要,但从大处着眼,这样的分类问题难免显得枯燥无味、毫无生气。尽管如此,最好在一开始就提醒读者,统摄在"人文学科"这一标签下的作品类型是丰富多样的。人们就此范畴而做的一般性陈述,往往产生扁平化的效果,将人文学科的知识探索描绘为整齐划一的活动,而实际情况并非如此。我们只需去藏书丰富的学术图书馆逛一圈。速览图书馆的人文学科书库,我们会发现,这些不同领域的学术研究如此千差万别,光看书的外观就能感受到这一点。哲学期刊上的短论文,有数字编号的命题或布满符号的句子;一部500页的历史著作中,对经验证据所做的密密匝匝的翔实脚注随处可见;文学评论集收录了风格独特的各式文章。总而言之,人文学科的作品,种类繁多,形式多样,几乎与其题材一样,随着文化的变迁和时间的流逝而呈现出不同样貌。

面对一书架又一书架的书籍和文章,外行读者很容易嘀咕,这些书和文章的内容都是对有限话题的不断重复,好像再没有什么新东西可说。当然,到目前为止,学者们对莎士比亚、法国大革命的起因、支持自由意志的论据都已了然于心,应知尽知。当然,在某些情况下,真正的新证据可能会被发现,比如一位幸运的学者偶然发现一件因为被错误分类而迄今无人知晓的作品,或者在某位名人后代的满是灰尘的阁楼里找到了一只手提箱,里面装着揭示真相的信件。但大多数情况下，外行读者若有所思地说，当代的人文学者似乎与他们一代又一代同行前辈多年来所做的是一样的事情，书写同样的文本，使用同样的材料，处理同样的问题。那么，他们到底在**做什么**呢？

他们——我们——大部分时间所做的是忧心忡忡。人文学者的常态是对智识的永不满足。无论发现了多么令人振奋的新证据，或做出了多么富于启迪的恰当描述，人文学者永远不能（也许也不应该）完全消除这样一种感觉：他目前所做出的成果只能算一份临时报告，总是容易遭受挑战、被人纠正，乃至无人问津。他会在脑海里寻找一种模式，寻求一种秩序，但这是一个躁动不安、永无休止的过程。对于人文学科而言，最可能产生影响力的作品通常是书籍，因为它相当于一块尺寸极为宽广的画布，可以通过令人信服的细节，来充分展示其所绘制的图案。要想使一本人文学科的著作产生影响力，作者必须提出典范性的模式，使之成为该领域诸多后续研究的框架。就此而言，在刚过去的一代或更久以前出版的书籍中，能够塑造整个子领域的范例包括：E. P. 汤普森①的《英国工人阶级的形成》（*The Making of the English Working Class*，

---

① E. P. 汤普森（E. P. Thompson，1924—1993），英国新左派历史学家、社会主义者，毕业于剑桥大学，代表作《英国工人阶级的形成》书写了 18 世纪末和 19 世纪初英国工业革命时期的激进运动，以及工人阶级的状况。

1963），或弗兰克·克莫德①的《结尾的意义》（*The Sense of an Ending*，1967），或约翰·罗尔斯②的《正义论》（*A Theory of Justice*，1971）。在某些方面，这些作品从未失去切合现实的相关性。[3]不过，它们几乎一直受到批评和修正（有时系作者本人所为）。而且，人们感觉，这些著作所归属的学术共同体仍在向前推进——或转移到其他话题，或采用不同的方法，或提出新的问题。学术共同体能做到这一点，并不完全是发现新的经验证据的缘故，也不完全是学术风尚的运作，亦非来自外部世界不断变化的压力使然，尽管这些因素都可能起到一定作用。更根本的原因是，任何知识的起点都需要被重新思考，任何假设（关于社会如何变化、人们如何行动、意义如何表达）都需要被质疑，任何词汇都不具有排他性的垄断地位。这里，学者对知识不满的生存状态，演变为一种方法上的准则。在实践中，它需要经验丰富的判断，以决定何时提出不同类型的问题能有效推动知识的进步，何时只会起到无关紧要乃至

---

① 弗兰克·克莫德（Frank Kermode，1919—2010），英国文学批评家，毕业于利物浦大学，《结尾的意义：虚构理论研究》为其代表作。

② 约翰·罗尔斯（John Rawls，1921—2002），美国政治哲学家、伦理学家，普林斯顿大学哲学博士，曾在哈佛大学哲学系任教，代表作有《正义论》《政治自由主义》《作为公平的正义：正义新论》《万民法》等。罗尔斯在50岁时才出版了学术生涯的第一部著作《正义论》，它迅速成为复兴西方政治哲学的扛鼎之作。在该书中，罗尔斯融合了康德哲学和社会契约论，试图提供一种不同于功利主义的道德理论，从而解决分配正义的问题。

阻碍性的作用。但原则上,任何问题都不能被事先否决。别人总是可以重新出发,另起炉灶,找到新的切入角度,从他处入手——那么我们也可以。学者所做的工作永远是暂时性的、过渡性的。

此处,厘清知识(knowledge)与理解(understanding)之间的分野变得至关重要。我们对某一特定话题的理解,除了其他因素,还取决于我们对其他话题已有的理解。这个观点类似于很久以前在所谓的"早期音乐"运动中出现的一个关于寻找本真性的观点:我们尽可以用那个时代的乐器演奏作品,但我们不能用那个时代的耳朵聆听演奏。同样,我们如今无法按照 A. C. 布拉德利①在其经典著作《莎士比亚悲剧》中提出的理解方式去理解莎士比亚,不仅是因为我们对那位作家的理解水平已经有所提高,还因为我们对其他很多东西的理解也发生了变化。[4] 的确,我们现在比一百年前的人知道得更多,譬如我们熟稔莎士比亚文本的传播或伊丽莎白时代舞台艺术的状况。但更为根本的是,我们已经对各式各样的问题形成了千差万别的观念,譬如族裔刻板印象的运作,或妇女的社会从属地位,以及对戏剧人物的解读,乃至写作和意义之间的关

---

① A. C. 布拉德利(A. C. Bradley, 1851—1935),英国知名文学学者,最具影响力的莎剧批评家之一,著有《莎士比亚悲剧》(*Shakespearean Tragedy*,1904)、《牛津大学诗歌讲义》(*Oxford Lectures on Poetry*,1909)等。

系。在某些方面，我们的学术研究力图接近作品被书写的那个年代的鉴赏力，尽可能熟悉那个年代的语言和种种假设。但是，毕竟是生活在当代的**我们**在进行理解活动，然后试图用当代的表述风格把这种理解传达给当代读者。我们不能单纯地重复人们在一百多年前形成的理解和判断，即使我们想这么做，也终究力所不逮。

从别的视角入手，可以带来丰富的新见解和新阐释。这方面最引人注目的一个例证是性别（gender）和性欲（sexuality）视角。过去的三十年间，学界对性别和性欲问题的关注，已对众多学术领域产生了天翻地覆的影响。一个极为显著的影响是，这一视角使一大批之前备受忽视或不为人知的资料成为人们的关注焦点。例如，现如今，每位文学研究者对过去几个世纪里女性作家书写的重要作品的了解和认知程度，是前几代学人所无法想象的；同样，几百年前，有一半的人口在公共记录上几乎没留下任何痕迹，针对这些人口在公共记录之外的活动证据，历史学家开始了系统性的探究和质询，于是才出现了完整的社会史和文化史领域，而在这之前，这些领域几乎是不存在的。与此同时，这种视角的转变也可能以不那么引人注目的方式，激发人们从事新的工作、书写新的作品。例如，有些道德哲学家和政治哲学家开始向自己发问：评价主体性的时候，评价者所采取的立场隐含了怎样的男性特征？或者衡量幸福感的某些标准,具有怎样的性别属性？诚然,这一连串质问所激发的新主张和新阐释,未必都能经受随后的检验,但不可否认,整个人文学科的学术格局已然发生了无可争议的改观,这些变化在未来也不大可能消失。

不过,即使这些变化得到认可,即使所有新话题和新视角都被认为是学术范围和阐释能力的合理延伸,外界的观察者仍然倾向于认为,人文学者似乎并未把大量精力用于新材料的发现上,而是用于对其他学者的反驳上;这不仅仅是在纠正某些事实错误或阐释谬误,而是否定了其他学者的整个思路。观察者问道,人文学科已经以某种形式存在了几十年甚至几百年,为何还没能解决思路和方法这些最基本的学科问题？实际上,针对这一旷日持久的争论,这个观察结论言过其实。就连同一学科内的敌对"学派"成员之间,他们在合法程序和既定真理方面也有着极为广泛的共识,这种共识通常并未言明,但远比他们之间因为分歧而引发的吸人眼球的对峙多得多。话虽如此,人文学科内部确实存在诸多根本性的争议(不是说理科和社会科学领域的内部就不存在这样的根本性争议)。面对这一事实,正确的回应也许不是将人文学科视为失败的学科,而是要认识到,该领域的工作与人类最基本的生存状况是何等息息相关。毫不惊讶,没有人能就"何为生活"问题达成一致,甚至连如何表述这个问题,使之成为学术探究的课题，也无法达成一致。因此，不足为奇，所有试图理解古今人类生活的方方面面的努力，无论其在概念分析和证据处理方面如何训练有素，都会复现这种根本性的分歧。

这就自然引出了"理论"问题。在文学和历史学科，"理论"是当共同的讨论起点不再被视为理所当然的时候所出现的东西。这种说法有助于我们理解"理论"所起的作用。20世纪五六十年代，英语世界的文学评论家在诸多问题上存在分歧，譬如某些雅各宾派戏剧的作者身份问题，或者济慈对丁尼生[1]的影响，或者 D. H. 劳伦斯到底是不是一位伟大的作家，但大多数情况下，他们对评估文学价值的合法性乃至可能性，或者对"文学"这一范畴是否存在等问题并无分歧。然而，当所有这些基本概念和评估程序被陌生化，故而彰显出其文化偶然性而非逻辑必然性的时候，讨论的起点就会发生变化，于是讨论就必须转向更为理论化、更为抽象化的层面。再强调一次，这种理论化或抽象化不是一种病态，也不是由于学科中人对公认的经典名著无话可说，更不是由于文学学者对文学失去兴趣（尽管有些人可能确实如此）。确切地说，它可能是一个健康指标，最起码是一个迹象或征兆，表明学者们不能也

---

① 丁尼生（Alfred Tennyson，1809—1892），19世纪英国著名诗人，深受维多利亚女王的赏识，是继华兹华斯之后的桂冠诗人，并于1884年被封为男爵。在《悼念集》《尤利西斯》等代表作中，丁尼生的诗歌创作具有题材广泛、想象力丰富、辞藻绮丽哀婉、音韵铿锵等特点。

不应该免疫于知识更迭。在一个极为多元化的社会,知识更迭和思想变迁是自然而然发生的,某些传统精英们所共享的那套假设和旧观念已经无法获得普遍认同。

上述回应方式,也适宜于回应近几十年来针对人文学科的反复指控。在这方面,右翼评论员的指控尤为突出,他们认为学术研究被自身的"政治化"所"腐蚀"。我们对人类历史和人类自我表达的理解,离不开政治范畴和概念。在主导话语未受挑战的情况下,这些政治维度尚可保持隐而不显,但它们仍然在那里。在特定的学术领域内,这些问题可能会被置之不理,或仅被视为理所当然。理论批判的驱动力,就是让这些政治问题浮出水面,使之成为关注焦点。再说一次,学人对长久未受质疑的前提的积极关注,看似是在学术交流中无中生有地引入了不合理的学术问题,但大多数情况下,这种批判流露出社会变迁和文化变革所带来的压力,它迫使学人永不停歇地扩展人类的理解力。

在一定程度上,人文学科的学术研究必须使用日常语言,这一事实竟也成了新闻记者和评论家抱怨的缘由。他们认为,既然存在日常语言,所有人文学科的工作都应该很容易地被非专业读者理解。于是,当这些抱怨者遇到各式各样的行话和专业术语时,他们就会大呼犯规。盖因单个词大都比较常见,人们误以为由这些词组成的句子和段落,其含义也应该是容易理解的。当然,在许多情况下确实如此,尤其对于历史和文学而言。但在任何领域,学者为了寻求精确性,都会小心翼翼地规定词语的特殊含义;日积月累,他们就不必提醒同行专家某一术语的特殊含义,因为对于所有花费毕生精力阅读此类材料的人来说,他们已经习惯成自然,将专业术语内化为自己语料库的一部分。来自某一学科之外的非专业读者(对于其他领域而言,我们都是非专业人士),他在阅读之初可能会误以为,某个词是在他所熟悉的意义上使用的,并误以为该词会将他引入一条别有洞天的小径,却发现自己误入一片无法穿越的灌木丛,于是变得愤恨不平。久而久之,这诱发了更大的指控,抱怨人文学科的专业化"过了头",该领域的学术研究已经彻底脱离了"普通读者"。大多数情况下,这种指责并不针对自然科学,甚至也不针对社会科学,因为人们普遍认为,非专业人士不会指望自己能读懂一篇发表在分子生物学或原子物理学领域的专业期刊上的文章;人们反而会认为,文章的高度技术性是一个值得赞许的迹象,它表明这些领域的科学家已经远远超越了常识或随便观察所能达到的水平,而这也正是"科学"的应有之义。相比之下,公众对人文学术的反复指责似乎有一个隐含前提,即任何人类活动都应该轻而易举地被受过良好教育的读者所理解。换言之,人文学科的研究内容应该具有普遍的可理解性。实际上,我们没有充分的理由接受这一要求。人文学科以人类活动为研究对象，与其他学科的研究一样具有技术性，一样运用统计学方法，一样抽象难懂。在人文学科，与在其他学科一样，科研结果的表现形式将取决于专业规范、目标读者群等。

不同学科的出版模式，将上述问题进一步复杂化。所有在职科学家都希望在一些高度专业化的期刊（无论是印刷版还是电子版）上发表他们的最新研究结果，外人不可能接触到这些期刊，更不可能轻松愉快地阅读上面的文章。少数几位科学家可能有科普的天赋或意愿，于是他们会用一种完全不同的写作风格，来总结所在领域的大量研究工作，并力图将这些工作的有趣之处传达给"普通读者"。但这两种写作类型是完全不同，且互为独立的。生物学家、物理学家或化学家要想取得职业成功，作为生物学家、物理学家或化学家而被人认可，就只能通过专业化的论文写作，并在高度专业化的期刊上发表来实现。（现在，有一小部分博客文章致力于科学的"大众普及"，上面适合发一些专业论文的科普帖子，但这与任何科学学科本身的实践是分开的。）现如今，社会科学的诸多领域也有类似情况。例如，许多经济学家或社会心理学家可能只在专业期刊上发表文章。人文学科的某些领域也同样如此：许多哲学家、历史人口学家、音乐学家只在专业期刊发表专业论文。但在其他领域——尤其是政治史和军事史领域，以及文学传记和艺术史领域,书籍的书版旨在同时满足专业和非专业读者的需求。以研究第二次世界大战的历史学家为例,他们可能主要依靠出版专著来赢得别人的尊重,创立辉煌的学术事业。这些表述严谨的著作不仅借鉴了原创研究,达到了最为严苛的学术标准,还可以当作圣诞礼物赠送亲友。

实际上,即使在历史学家当中,也只有极少数学者才能做到这一点,对于包括文学批评(文学传记是另一回事)在内的其他领域,多数学者没有这样的选项。然而,当下出版业的结构(尤其在英国)仍然鼓励这样一种想法,即如果一本关于历史或文学的书无法被受教育不足的读者愉快地阅读,它就多多少少存在缺陷。当然,"专业"读者和"普通"读者并不是两个相互排斥的范畴:一些学术著作可能被相近领域的学人阅读,也可能被不同领域的学人阅读,偶尔也会被那些没有自己的学术领域的人阅读。这些范畴和界限也必然随着时间的推移而改变,比如在20世纪五六十年代的一段时间里,即使是曲高和寡的文学批评作品也获得了相当可观的大众关注。另外,专业读者与普通读者的界限,在不同的文化中有不同的划分方式。例如,在法国和其他几个拉丁语系国家,一些哲学或人类学著作仍有望抵达广大读者,成功被后者阅读和理解。但在大多数情况下,人文学科的学术工作,就像所有其他学科的学术工作一样,主要是写给同行专家的,这无可厚非。

2

在第一节，我对人文学科做了一番笼统的、略抽象的考察，下面我想具体对人文学科的专业活动进行考察。我们不妨从一个显而易见的观点切入：人文学者的日常生活实践，充斥着质量判断。也就是说，我们一直忙于在杰出的工作与尚可的工作、尚可的工作与平庸或劣质的工作之间做出区分。几乎在教育体系的每个层面、每个环节上，人文学者都被委以质量判断的任务，而这些判断本身往往却并无确凿坚实的依据。我们作为任命和晋升委员会的成员，作为出版的推荐人和学术期刊的审稿人，以及作为学者回应和使用本领域的其他学者发表的作品，无不需要质量判断。同样，各个层次的学生所做的工作，也需交由我们来检查、打分，这些也都涉及质量判断。当然，在这些情形中，说我们的判断缺乏确凿坚实的依据，并不意味着我们不能给出理由、援引证据来支持我们的判断。如果我们按照自己的最佳标准行事，我们所做出的判断远非主观武断或充满偏见。当我说我们的判断缺乏确凿坚实的依据，我的意思是，我们无法向持不同意见的人证明我们所下的判断具有不容置疑的正确性，我们最终只能说："看看这个或那个，看看这方面或那方面——**这**就是为什么它更好，明白了吗？"虽然讨论还可以继续，我们也可以尝试新的说服策略,但如果对方无法看到、无法**辨识出**我们所谓的高质量,那么再多的苦口婆心也无法迫使他们同意我们的判断。

　　我们格外重视一部作品,当然可能出于各种实用性或工具性的目的,这是我们选择阅读它的原因——我们通常只是为了从中寻找信息。不过,在阅读一篇人文学科的文章时,我们的判断会极大地受到文章中的某个方面的影响,后者与所谓的信息内容或观点主张等实用目的没有任何直接关系,而与文章的视角、语气、语意的精妙、散发的权威性有关。具体而言,一部佳作打动我们的地方,在于其察觉和描述的质地,及其启发心智的力量和雄辩的说服力。我们会对佳作的这些动人之处做出回应,譬如,终于注意到以前我们忽视或未能辨识的事物,尤其注意到文章对这些事物的观察或辨识方式,以及文字描写的质感。在阅读优秀作品的过程中,我们能感受到思想的灵动、情感的敏锐。作品切入主题的角度,着重点的分布,隐含的排列或对比,以及作品如何构建一个世界、叙述一段经历或刻画一个人物并赋予其厚度和灵性。所有这一切传达给我们的是:深度理解是存在的。可以说,任何特定的陈述都潜藏着深度理解的可能。这种深度理解的表现方式不同,它有时要求我们转移注意力,去关注我们未曾意识到的事物;而有时候,它似乎只是通过词语的选择来传达这一深度,比如作品在描述一个人或一个动作时所使用的修饰性副词。

就人文学科而言,学术作品的表达形式和判断类型,必然与人类在日常交流中使用的表达形式和判断类型相一致,只是前者的表达更为精确、理由更为充分。我提请大家注意这一事态,不是要为之哀号,也不是要为之欣喜得意。但不可否认,其所传达的事实可能有助于我们识别人文学科的某些特征乃至特色。这里,我先插播两则紧迫的提醒事项。首先,在一篇出色的学术或批评文章中,许多东西是同时出现的,许多要素是同时满足的。比如,它汲取了真正意义上的新知识,这可能是拜新的手稿来源所赐,或是由于发现了迄今被忽视的文件,等等;我在这里并非要贬低一切知识探索的基本准则,诸如清晰、准确、论证的严谨性等——不消说,这些都非常重要,是一篇出色的学术文章所必不可少的。除了汲取新知,一篇出色的学术文章也要适当了解学界对这一特定主题的研究现状。显而易见,即使最具原创性的学者也不是从零开始的,一部作品的贡献在某种程度上取决于该主题在学界的现有研究情况。所有这些都至关重要,但我认为,它们也是大多数其他形式的知识探索所共有的特点,绝非人文学科所独具的特色。

这就引出了我的第二个提醒。自然科学工作者,也要不断区分各自研究领域的上乘之作和平庸之作。但据我所知,他们心心念念的是证明作品核心观点的有效或无效,还密切关注研究题材和研究方法的成效性,而不太关注作品的语气和观点这些难以捉摸的问题。个别科学家可能会因其创造力或独创性而受人钦佩，但其发表的科学论文的意义和价值，却并不取决于我所指出的文章本身的表达质地。原则上，一位科学作者大可取代另一位，而丝毫无损于文章所公布的发现的真实性和重要性。在某些方面，人文学科的学术研究亦如此，但一般而言，一部扎实的学术著作，其总体说服力似乎与作者的个人声音紧密相连。有趣的是，即使是那些挑战"人类主体"的传统中心地位的批判文章，也无不发出作者个人化的声音。任何一篇挑战"人类主体"的批判文章，它的说服力在某种程度上取决于批评家的性情气质和文学技巧，而这些都是高度个人化的特质。

提请大家关注人文学科的日常学术实践，并非是要大家了解这个学科对学生或学者的作品质量做出的优劣排序；重要的是，我们对自己日常经验的反思，可以让大家了解人文学科的智性活动本身的性质。这一反思还暗示了一个更为深层的含义，在当下尤其需要明确指出：我们不能因为恰好赞同一篇文章的思路，或认同其方法论，就称之为同类作品中的佼佼者。我想，相反的体验才是我们所常见的：即使我们不赞同文章的思路，却仍能辨识其真正的思想质地和智识水准。这种体验很重要，因为它让我们意识到，任何方法论或理论术语都只不过是分析工具，充其量是一组镜头——毕竟，只有某些人才能娴熟地使用它们。

　　基于上述原因，"描述"活动是人文学科的核心工作，它要求我们尽量灵活地调用应有尽有的重叠词汇，并对这一调用行为进行深刻反思。学界近来流行的理论自觉有一个不良影响，它助长了人们产生这样一种信念，即任何学者或批评家总是遵循**单一**的理论或范式，每位学人在开展工作时，都遵循自己喜欢的套路或方法论，忠于某一特定的主义。据称，这种信念正支配着学人的全部工作。然而，智性实践其实并非如此。专注于某一特定的表达方式所传达的内容，会让人注意到如下事实：这种表达方式总是被其所忠于的理论模型所欠定（under-determined）；也就是说，这一理论模型不足以让我们确定该表述的确切含义。从这个意义上说，人文学科中使用的词汇必然是"不纯的"，它们不止来自一个知识源，也来自日常生活的方方面面，是风格各异的语言混合物，而绝非源自或基于任何特定的理论。这里，我并不是说人文学科的品质就体现于卖弄轻浮，或刻意追求智识上的喜鹊主义（magpieism）——炫耀自己如何将形形色色的、有时甚至完全不兼容的资源强扭在一起的。相反，我指的是一篇好文章带给我们的感觉：无论这篇文章汲取了多少种来源各异的智识滋养，最后都将之良好地消化吸收，举重若轻地呈现在字里行间；读罢，我们获得了一种游刃有余的认知力或领悟力，而不是某种可以简化为人尽皆知的方法论原则。

换句话说，在人文学科中，没有任何一种方法论能为我们提供足够广泛的词汇和句法，从而取代**所有**日常语言和习语，消抹它们的痕迹。即使是最令人厌恶的行话，哪怕它们的语义在理论上是明确无误的，也会掺杂大量的现有词汇，彼此嵌入。深度理解与浅度理解的区别，正是在于能否灵巧地执行这种必要的相互嵌入，能否领会其所使用的理论术语，以及能否恰如其分地使用这些理论术语（而不是本末倒置，被理论术语征服），从而在理论行话与日常语言之间达成一种微妙的平衡。深度理解的标志，正体现于作品在运用理论术语时的掌控力和分寸感。

3

上一节中，我们探讨了人文学术的日常阅读经验，并单独考虑了人文学术的语言运用问题。这么做的一个原因是，借由语言运用问题，我们不仅能思考人文学术的独特性，还能思考其所具有的价值。诸如"察觉和描述的质地"或"掌控力和分寸感"这样的措辞，并不指涉某种客观的僵化知识，而是指涉人类的理解活动。此番表述捕捉到了人文学术的特质，立即传达出一种新的关注重点，与大众在讨论人文学科时所用的那种流行表述有所不同。目前，公共领域中用于描述人文学科的工作性质的官方语言，似乎经常被简化为这一公式："技能＋信息＝知识。"倘若这个公式充分概括了人文学科的工作，那么出色的学术作品应该类似于百科全书的条目。诚然，这样的汇编自有其优点和用途，也确实需要具备重要技能，譬如，言简意赅的表达能力，对复杂主题进行条分缕析的阐述能力，等等。但与富有想象力的历史重建，或见地高明、富有启发性的批评相比，百科全书的条目基本是单调乏味的死知识，它只是一种交通工具，而不是一次真正的旅行。它往往是集体知识的汇总，而不是个人理解的表达。它往往只是零星地使用副词，包括"零星地"这个副词本身。

如果我们必须使用公式，那也应该是这样的公式："经验＋反思＝理解。"（可以想见，我的一个论据是，如果我们发现自己确实在用公式进行讨论，那一定出问题了。）如前所述，人文学科的工作目标，最好被描述为"理解"而不是"知识"，强调这一点至关重要。坚持区分"理解"与"知识"，能使我们认识到，知识在某种意义上被视为客观的，不管是否有人在意，它"就在那里"存在着、囤积着，任何精力充沛的人都可以爬到知识仓库的顶端；而理解则是一种人类活动，它在一定程度上取决于理解者的素质。

我们由此可以得出几个推论。首先，人们把"研究"普遍理解为新知识的发现，这一观念更适宜于自然科学和社会科学，而不太适宜于人文学科，然而它对我们的评估观念已经产生了切实的影响。我曾不止一次提出此看法（参见我的《英国往事》一书中的文章《反对效话①：人文学科中的"研究"》），这里不再赘述。与当前主题有关的是，"研究"的主流定义暗含一层言外之意，即自然科学学科中的三个评估范畴——"研究""教学"和"公共或专业工作"——似乎可以被视为三种截然不同的活动，但在人文学科中则不然。对于一个正在工作中的科学家来说，发现新知识与传播旧知识之间的区别一目了然。科研工作属于前者，而教学工作或为非专业人士写作，本质上都属于后者。我们由此可以看到，高校试图在以不同的方式评估和资助这些活动的时候，存在一种简单粗暴的行政逻辑。这样的评估框架和资助体系，对人文学科极为不利。如果我为一部学术论文集写一篇文章，针对论文集的专题阅读了大量一手文献；然后我就同一专题的某个方面向受过高等教育的、有鉴赏力的非专业听众进行演讲；之后我又为《泰

---

① "Prodspeak"，是作者根据 Productivity-Speak 创造的拼缀新词，意指在当代大学盛行的时髦语言，譬如，科研新发现、知识经济、技术转移、前沿研究、产学研结合，等等。显然，这种话术源于企业，把企业的那套追求效率的语言拿来形容大学里的教学和科研活动，表明大学的日益企业化。另外，Prodspeak 的构词法让我们想起奥威尔的小说《一九八四》里的"新话"（Newspeak），两者都具有强烈的讽刺意味。

晤士报文学增刊》撰写一篇评论文章,讨论该领域最近的一些出版物;最后,我为本科三年级的一门课程备课,教学内容是我所阅读的一手文献中的一篇。作为学者,我的上述活动是一个连续统一体,很难断定"研究"的起点和终点。我知道,我本人的思考和写作深受那些被评估程序认定为"研究型出版物"的专业读物的影响,但也同样深受《伦敦书评》或《纽约书评》上的非专业读物的影响。于我而言是这样,于我的许多同事而言亦如此。从这样的经验中,我们或许能对我们所从事的学术活动的整个光谱有所了解,对这些智性活动的性质和重要性,及其与当下被视为唯一"研究"指标的那种受限的写作形式之间的关系有所认识。

上面的论证引出了我的另一个推论:对于人文学科而言,所有层次的评估模型都必须是判断而非计量。这一推论对人文学者的工作有切实的影响。判断不能以量化的方式进行,判断的依据也无法彻底"透明"(这是当下教育界的另一个流行语),否则必然导致损失和歪曲。这条关于判断标准的建议,可能会令那些得到差评的人难以接受,比如考试没及格的学生、职称晋升失败的同事、在经费争夺中排名低于预期的院系,等等。我要再次强调,我们当然要给出所做判断的理由,我绝不是在为暗箱操做辩护,也绝不支持任何偏见横行的程序。我的观点很简单,要证明判断有理,必然会陷入无限回溯

（infinite regress）：标准解释得再清楚，程序制定得再多，都无法消除人的主观判断；判断中存在不可消除的主观要素，其可信度最终只能证明给那些起码对判断的某一方面有所认同的人，只有这些人才会被其说服。

对人文佳作的价值本质所做的一番反思，最初可能招致公众的误解，但即使冒着这样的风险，我也要指出人文学术价值的本质，而绝不回避这一问题。填字游戏、国际象棋或一些初等算术题，这些东西最令人满意之处是，你可以获得一种问题了结的心安之感：你不仅可以找到一个正确的答案，而且也知道自己已经找到了。人文学科的工作很少有这样的确知感。我们在地毯上寻找图案，但我们也意识到，对任何一种图案的描述都不可能是确定无疑的。正如我前面指出的那样，我们人文学者的一切学术言论都可以引发公众的质疑和反驳——当然，科学领域的知识通过引入新信息或揭示原始推理逻辑中的缺陷，也可能引发质疑和反驳，但我不是从这个意义上说的。我的意思是，在人文学科，换一种表述方式，换一个语境，换一个着重点，换一个视角，或换一种感受力，就可以质疑和反驳原来的观点。这些始终是判断的问题，尽管是基于专业训练和经验的判断，而不仅仅是主观任意的判断。反驳旧叙述的新叙述，也无法确凿地证明自己更具说服力，它只是力图在更多的点上激发我们的理解和共鸣，力图重新整合我们在某种意义上已知的东西,使之更具合理性和启发性。

　　这意味着,作为人文学科的学者,我们在重新描述我们所珍视的学术劳作时,不应该单纯地用"技能"或"新发现"这样的字眼。譬如,面对《米德尔马契》①,判断小说中的多萝西娅·布鲁克(Dorothea Brooke)这位女主人公是否有自我欺骗之嫌,或以何种方式进行自我欺骗,可能是我们理解和评判这部小说的关键,但这一过程无法被简化为"技巧"的运用。再比如,有人曾对尼采这位才华横溢、令人恼火的作家做了一则颇有争议但也许颇为深刻的评论:尼采对道德的批判存在瑕疵,因为他的自我戏剧化并不完全具有反讽意味。我们对这则评论所做的语意解析,不能被轻易描述为:我们通过"研究",开拓了知识的前沿领域。早在一百年前,托马斯·曼②已经对这一问题有了深入的理解,甚至比当前最新的尼采研究专著对这个问题的理解还要深入,然而我们也很难说该"研

_____

① 《米德尔马契》(*Middlemarch*)是 19 世纪英国作家乔治·艾略特的代表作,英国现实主义文学经典。小说通过男女主人公相互交叉的人生轨迹,描绘了 1829 至 1832 年间英格兰中部小镇的社会生活,不仅涉及妇女的地位、宗教的伪善、教育的功能、婚姻的本质、医学的进展等议题,还将 1830 年威廉四世的登基和 1832 年出台的《改革法案》等真实的历史事件融入虚构的故事之中。

② 托马斯·曼(Paul Thomas Mann,1875 — 1955),德国 20 世纪最著名的现实主义作家,深受叔本华、尼采哲学思想的影响。代表作有长篇小说《魔山》《布登勃洛克一家》和中篇小说《威尼斯之死》《马里奥和魔术师》。他于 1929 年获得诺贝尔文学奖。

究"就已经"完成",我们只需查阅研究"结果"即可了事。[5]这可能意味着,针对这一学术问题,现代学者重读托马斯·曼一书后所取得的研究进展,至少能与读完电子文献搜索中找到的所有最新文章后所取得的研究进展一样多。正如亚历山大·内哈马斯(Alexander Nehamas)的《尼采:生命之为文学》①多年前所表明的那样,就这类主题做出新的出色研究,没有捷径,唯有老老实实地阅读前人的文献。在人文学科中,优秀的新思想往往是与早已作古的人物(包括不属于同一学科乃至不属于任何学科的人物)的思想再次交流与碰撞的结果;新思想不仅能对旧思想做出充分而缜密的思考,而且能够对其做出敏感而积极的反应。

这就引出了我的第三个推论:在人文学科,作为个体的学者应该主动接触各式各样博学多才的头脑,并汲取他们的优良品质,这可能比全神贯注于自己所在的子领域的狭窄专业知识,更能激发学者做出优秀的学术研究。博采众长,兼收并蓄,是做出一流人文学术成果的不二法门。这种见解对科研资助也有影响。在科学和医学的一些分科中,只有少数几所大学能获得资助,资助方授意大学里的研究者集中力量专攻

---

① 英文书名为 *Nietzsche:Life as Literature*,哈佛大学出版社 1985 年首次出版。作者内哈马斯是希腊裔美国哲学家,1990 年至今担任普林斯顿大学哲学与比较文学教授。参阅中文版本《尼采:生命之为文学》,郝苑译,浙江大学出版社,2016年出版。

某些课题。这样的资助方式对科学和医学学科也许奏效，但对人文学科行不通。两相比较，让我们再一次注意到，笼统的"研究"模式可能给人文学科带来危险的误导性。试想一下，倘若所有现代德国历史方向的博士生都在剑桥大学攻读博士学位，或者所有18世纪英国诗歌方向的博士生都在利兹大学攻读博士学位，将会产生怎样的后果？可想而知，这非但带不来任何好处，还会对各自领域的教学与研究造成知识和思想上的损害。如此的聚集化安排，可能会降低而不是提高学者之间相互切磋和激荡思想的可能性；无论对于子领域的学者个人而言，还是对于他们所退出的更大的学术团体而言，这样的安排都是有害的。尽管开展合作项目有时会产生学术效应，乃至可观的规模经济效应，但在人文学科中，资助必须拨给个人（而不是拨给团队），资助对象可以是闻名遐迩的学者，也可以是初出茅庐的博士毕业生——至于他们的研究会在哪里取得进展，就很难预测了。

　　此处讨论的重点不是教育教学实践，但上述论点也影响了我们对教学的理解。例如，我们最好承认而不是试图掩饰这一事实：达到了最低的入门水平之后，人文学科的教育在很大程度上就进入了学徒期（apprenticeship）。在每个阶段，学生都有机会与相应的高段位学者接触，在后者的鼓励下，培养独立察觉和描述的能力。毫无疑问，这种能力多半可以被习得，但不太可能被教会。常言道，悟易教难①，这句古训多少有些道理。在这方面，人文学科的教学，沾有一丝文学批评的色彩。在作品分析这一核心活动中，批评家指出作品的特征，然后问道："看出来了吗?"在课堂教学中，教师也会问学生同样的问题。当然，应该看到什么，以及为什么看到"它"是重要的，都是可以解释和论证的;不过，至于学生能在多大程度上自己"看到"它，主要取决于教师的表达力和敏锐力，也取决于学生本人的反应能力和好奇心。从对特定主题的学习中抽象出来的任何"学习技能"，都无法替代这种交锋和互动。引导学生进入人文学科的门径，更像是鼓励他们参与讨论，而不是让他们有效地处理信息。

所有关于"参与讨论"或"熟练地使用术语"的暗喻，对于那些来自不同语言或文化背景的人来说，可能听起来既自鸣得意，又具有强制性，他们担心自己若缺乏这种独特的能力，就会被排斥在知识大门之外。认识到这一点很重要，它提醒我们，切勿将某种特定的或偶然的状况视为理所当然。这样的提醒是合情合理的，可以让我们常备自省之心。这里，我无意细谈诸如此类的提醒，只是想敦促人文学者，不要老是心存戒备，乃至防卫过当，动不动就被那些质疑我们的声音逼到守

---

① 原文是"It is more readily caught than taught"。更常见的表达是"More is caught than taught"，意思是人们的认知，更多是靠自己悟出来的，而不是别人教会的。

势，一旦有人质疑我们对所从事的工作及其价值的描述有误，就拼命反驳。面对跨越时间和文化的人类行动与人类表达，我们对之进行理解和描述的时候，不可预先假定当前认同的出发点就是对的。相反，在人文学科的各个领域，一些最具原创性的作品有一个鲜明特征，即它们都设置了不同的出发点。原创性作品的这一核心特征，有力地证明了不同的初始假设所带来的成效。从新的起始点出发，原有的讨论可能会被打断，也可能改变方向，但异质声音能更行之有效地干扰参与讨论的人，使他们重新审视那些习以为常的问题。

目前，人文学科也常被称作"人文科学"（the human sciences），它的自我描述是：该学科内部的各个科目所共享的独特活动是"批判"。这个备受青睐的自我描述，反映了人文学科的一贯主张。批判总是旨在挑战任何起点、假设或参考范围的被给予性。通过挑战这样的起点，它通常揭示潜在的险恶利害关系。不消说，就实现某些意图而言，批判可以是一种完全有效且确实必要的战略追求。但在具体的实践层面，出色的科研工作，类似于酣畅的交谈或任何有价值的人际关系，取决于构想一个更为开阔的共同世界的能力。这样的世界未必是邪恶的或排外的，也未必可以与某一社会群体或利益相提并论（有些肤浅的意识形态批判却常常这么干）。从诸多异己的背景出发，人们可以了解形形色色的新世界。由此一来，个体之间将会产生越来越多的共同点，这远非固守先前的"方法论立场"或"社会身份"所能比。在此基础上，个体之间就一本书或一件事展开的思想交流，会更富有成效。批判模式坚信，任何论点都具有社会的在地性（locatedness），并力图解构之，从而打造自己的叛逆形象。然而，这样做的后果是不断地将讨论转移到一个先验的立场上，从这个立场出发，找到任何特定交流中都存在的限度。这在哲学探究中自有其意义，但过于迅速地转向元理论的立场，往往会阻碍或挫败我们对具体文本的探讨，使我们无法领略文本独具的神韵，因此批判模式不能成为人文学科**所有**工作的统一处方。这种情形可以用一个比喻来解释。这就好比一群操着不同"语言"的个体，理想情况当然是让他们能就某一问题进行最丰富、最细腻的交流，这要求他们必须去学语言、做翻译，而不是为了迎合大众而刻意简化，将之化约为相当于世界语的通用知识。

此外，只要"批判"涉及具体实例，它所具有的"怀疑阐释学"①倾向，既可能产生赋能作用，也可能产生限制作用。以批判为原始动力的学术作品，存在一种奇怪的不对称性：它对作为研究对象的人物有着极为苛刻的设想，对研究者本人的预

---

① 在《弗洛伊德与哲学》（1970）一书中，保罗·利科提出"怀疑阐释学"（hermeneutics of suspicion）这一重要术语，用来形容尼采、马克思和弗洛伊德的思考方式，认为三位是消解事物表象、揭露深层意义的怀疑大师，并且一起开创了"怀疑学派"，为日后的文学研究奠定了怀疑和批判的基调。

设立场反而放松警惕。我的方法恰恰相反：对于我们所研究的人类行动主体，要尽量保持一种想象的同情；与此同时，对于我们自己的阐释机制，要尽量持有一种怀疑的批判。深度理解的达成，不仅仅需要我们敏于解构，更需要我们心怀慈悲，尽可能给予热情而充分的回应。认同、同情、想象等过程可能暗示一种散漫无序的主观主义，因此近几十年来，人文学科一直试图用更为严谨的时髦方法论取缔它们。但实际上，无论是在学术工作中，还是人类经验的其他方面，它们对人类实现全面透彻的理解都是必不可少的。倘若我们将对话者的所有言说行为仅视为一种症候，而不是表达或交际本身，用不了多久，我们就会发现自己的生活已然情感枯竭，被永无休止的诊断剖析所挖空。诚然，批评家或历史学家不会，也不应该把他们所研究的个体的所有言论当真；学者在解释这些言论时，有时可能会引入言论主体本身并不理解的概念，这也是事实。然而，这些言论和概念应被理解为人类的表达，其意义属于一个异己的世界——这样的讨论起点不可或缺。为了做到这一点，我们不仅需要咄咄逼人的怀疑心，更需要人类的同情心。面对别人的言论，如果内心没有几分阐释的慈悲，只是一味地揪住其中有意无意透露的出格态度，便据此为言论定罪，那么法医取证般的批判能量，必然会被引入歧途，造成巨大的浪费。

4

本章最后,我将简单谈一谈人文学科的正当性或为其辩护问题。先从前文已经提及的一个非常笼统的观点谈起,即为人文学科辩护,需要诉诸共享的价值观。警觉的实用批评家会注意到,我在本书中多次使用了诸如"当然"(surely)之类的副词:这类副词相当于一种修辞标记,表示对既存的、时而未言明的共同经验的召唤。我在书中故意多次使用第一人称复数"我们",也是为了诉诸共同的经验。这里的核心论点很简单。在一个社会中,如果人们从不试图辨识自己对他人的感受,不去辨识作为镜像的他者身上的自己的影子,也不去完善和改进自己的他者体验,那么这样的社会将永远无法懂得学习人文学科的意义之所在。实际上,论证的说服力总是取决于这种先验的辨识潜能。但辨识(recognition)来自细节,它不能仅仅通过概念植入大脑。

因此,在某些情况下,面对真实或假想的质疑,捍卫人文学科的最佳策略可能是说:"看,这就是我们所做的事情,太棒了,不是吗?"如果坐在桌旁的那位衣着庄重、自诩为现实主义者的行政人员回答说,他根本看不出哪里很棒,那么与其费力使用来自工具性话语世界中的术语来重新描述人文学科活动的价值,莫不如让正经的讨论退化为滑稽的拌嘴:"哦,是的,真的很棒／哦,确实不怎么样"。当然,现实中的讨论往往不会完全遵循这种模式,但是想象这种交流争吵背后的逻辑,可能是一种有用的启发方法(heuristic),它可以使我们想起,社会对"具体成就"(concrete achievement)这样乏味的抽象概念的常见呼吁,背后隐藏的是怎样的现实。谈及细节,我们应该注意到"具体成就"一词的潜意识能力,它能唤起令人不安却极为贴切的画面:为了回应人文学科"正当化"的官方要求,一排排自卸卡车在相关部门的台阶上卸下一大堆优秀的学术书籍,这种幻想既令人愉悦,又生动有力。

严肃地讲,这里的要点是,当有人(可能冷漠地)要求我们对人文学科进行定性和辩护时,我们所能做出的任何回答,其有效性可能不仅取决于我们所做的种种定义和论证,也取决于我们所透露出的语气和信心。有人说得好,人文学科"探索生而为人意味着什么:词语、思想、叙事、艺术和人造物,都有助于理解我们的生活及我们所生活的世界,也有助于理解我们是如何创造这个世界的,又是如何被它所创造的"[6]。归拢在"人文学科"这个标签下的各种探究形式,记录了最为丰富多彩和千变万化的人类活动。人文学科所从事的工作,试图加深对人类活动的某一方面的理解,以训练有素又易于理解的方式,表达人类的好奇心和求知欲——这种努力本身就是目的。显然,我针对人文学科所发表的这番执拗言论,意在对抗悲观绝望的劝退言论。人文学科所锤炼的那种理解力和判断力，与生活中需要的那类理解力和判断力是一致的。分析至此，我们只能说，**这**就是为什么我们对人文学科感兴趣并认可其价值的原因，然后必须认识到，我们已经行至单纯的辩护所无法抵达的境地。尝试为人文学科"辩护"，就像尝试过一种生活，关键在于咬紧牙关，保持镇定。

5

最远大的抱负和理想：
作为公共品的大学

1

大约一个世纪前，美国社会评论家托斯丹·凡勃伦①出版了一本名为《美国高等教育：商人治校备忘录》②的书。他在书中宣称："总的来说，大学在基督教文化中的地位与其初始地位基本相同。在大众的理解中，大学的理想形态从来都是一

---

① 全名为托斯丹·邦德·凡勃伦(Thorstein Bunde Veblen，1857—1929)，挪威裔美国人，被誉为制度经济学鼻祖，著有《有闲阶级论：关于制度的经济研究》(1899)和《企业理论》(1904)等。
② 首次出版于 1918 年，之后多次再版。参阅 Thorstein Veblen. *The Higher Learning in America: A Memorandum on the Conduct of Universities by Businessmen*. John Hopkins University Press，2015。

个法人团体（corporation），致力于培养和关照社会最远大的抱负和理想。"[1]正如书的副标题所示，凡勃伦更宏大的目标是对美国高等教育当前的发展趋势进行有力批判。鉴于此，这一宣言的自信和直率颇为引人注目。当然，我们现在不怎么谈论"基督教世界"（Christendom）了，不过这个术语可以提醒我们大学的宗教根源，乃至大学发展至 19 世纪时所具有的部分宗教性质。凡勃伦的语言暗示，这种精神遗产在现代观念中可能仍在发挥作用，因为一个社会的"最远大的抱负和理想"似乎超越了人们通常理解的教育和研究活动范畴。此外，凡勃伦也暗示，这些理想的"培养和关照"需要从社会的日常活动中抽离出来，这表示他对更长期的、不那么物质的因素的关注。我尤为喜欢凡勃伦一笔带过的主张，即这种崇高的大学观念与公众对它的普遍理解是一致的。他的主张无疑是正确的。即使在今天，在大学已然发生巨变，并与凡勃伦所熟知的那种大学不可同日而语的时代，近几十年来公民的受教育权虽然获得了极大保障，但一种流行的观念尚存，它几乎成了人们的渴望，即大学应该是一个受到庇护的空间，大学中人可以随心所欲地追求理想，把思想探索推至极致。如今的大学已成为半市场化、以就业为导向的机构，然而无论大学中人的实际体验如何，人们依然强烈地希望，大学在其最好的情况下应该是"抱负和理想"的化身，超越任何形式的经济效益。

这种深刻而普遍的信念至关重要，我们在目前的情势下为大学做辩护，切不可忽视这一点。如我所指出的，任何看起来是在证明某物合理性的论点，都包含一个不可避免的困难——每每提出这样的论点，一种防御性的气氛必然弥漫开来。人们的第一反应似乎是，所论之物的价值或意义是成问题的，故而才需要论者向满腹狐疑或无动于衷的听众或读者做出辩解。如果有足够多的声音坚持不懈地质问某物的"意义"是什么，这通常表明人们对此普遍怀有疑虑，或至少表明人们对其价值不置可否，此番态度有时甚至会演变为公然的敌意。现如今，那些试图为大学"发声"的人，似乎总是处于不利境地和被动局面。

这个问题在某一方面有其合理性。毕竟，当某些活动的意义或价值不能被视为不证自明时，就得首先予以证明，下点功夫说服一些想象中的观众，让他们认可其意义或价值。当然，关于辩护的一个普遍真相是，只有在目标受众已经部分地认可了其所呼吁的价值观的条件下，它才能成功，这是由辩护的本质决定的。不过，倘若受众心目中的首要价值观有悖于辩护者的事业所珍视的价值观，那么辩护者总会受到一种诱惑，忍不住采用最能打动受众的话语进行辩护，力图争取他们的认同——即使这最终导致辩护者对其捍卫之物的错误描述，他们也在所不惜。如此一来，大学中人在捍卫大学的地位时，最终传达了这样的意思："我们意识到大学看似无关紧要或任性妄为，但实际上它对经济增长的贡献比你们想象的要大。"

我认为，那些为大学发声或谈论大学的人似乎没有必要采取这种防御姿态。话虽如此，我当然没有忘记或低估过去二三十年来，大学——至少是英国大学——所遭受的误解和敌意（主要来自政客和媒体）。只是我觉得，对大学所从事的工作感兴趣乃至欣赏的公众大有人在，而上述为大学辩护的官方话语并没有很好地利用这部分公众的支持，以至于显得过于狭隘、充满防御性。在与大学之外的人交流时，我发现，他们不仅对思想怀有强烈的好奇心和满腔热忱，还追求对于历史、文学，乃至物理学和生物学等学科的深入理解，这着实令我惊讶不已。其中许多人可能自己没有机会学习这些知识，但他们非常渴望自己的孩子将来能有这样的机会；另一些人只受过有限的、可能不甚愉快的高等教育，但随着阅历的增长和心智的成熟，发现自己对这些学科产生了浓厚的业余阅读兴趣；还有一些人已经从岗位上退休，多年的职业生涯挫伤了他们的求知欲或审美兴趣，但他们现在渴望刺激。这些人不想了解我们根据大学毕业生比没念过大学的人多挣多少钱来判断大学教育的成功与否，也不想知道学术和科学对国民生产总值的间接贡献有多大。相反,他们为思想的奇趣而动容,为美的力量而沉醉;他们想了解遥远的时代和遥远的世界;他们渴望聆听美妙的语言,与平凡的现世里常见的那种语言相比,它更具创造性、更准确、更令人回味;他们想知道,在人世间的某个地方,人类的理解力正在被推至极致,而不必受到短期结果或实际问题所束缚。毋庸置疑,这些与谈者并非总是意见一致,也不能代表所有社会阶层。他们在不同的生活阶段可能有不同的优先事项,并且总会有各种各样的事情激发他们的兴趣,争夺他们的支持。令人遗憾的事实是,当代社会关于大学的公共讨论很少诉诸这些普通公民,未能激起他们的兴趣,于是很难在这些人中就此达成广泛共识——我们的社会应该守护大学这方净土,使看似"无用"的问题能被探寻到极致。造成当前现状的一个原因是,虽然大学非常擅长生产新知、扩展人类的理解范围,但它们不太擅长面向公众解释自己所做之事。

如我曾指出的那样,与其自我防御式地预设外界对大学的敌意和蔑视(抱怨大学发挥的作用越来越小),不如首先以积极乐观的心态去分析大学与各类同源机构相比的独特之处,并想想大学在其最佳状态下做了哪些我们认为不可或缺的工作。我相信,这与大学年报或施压集团游说辞里的空洞吹捧不是一回事。应该承认,当代大学实际上并没有很好地完成其独特的任务。若不承认这一点，就再一次低估了公众的智慧，因为他们已经清楚地意识到，许多人满为患、监管过度的高等教育机构并不尽如人意。

不过，即使我们没有落入防御的陷阱，而是从广泛共享的价值观这一角度来说明大学的意义，我们仍然面临一个难题——尤其是文学上或解释上的难题。其危险在于，我们最后可能只是甩出一连串空洞的抽象名词，没有多少实际意义。想一想所谓的"使命宣言"（mission statement）吧，它的空洞无物和装腔作势，代表了我们这个时代特有的一种文体。这些沉闷公文中的信息多半可以概括为："我们旨在实现当下能够核准的任何总体目标。"为大学辩护的种种表达有一个致命倾向，即容易落入公司样板化的语言俗套，传统上使用的"追求真理"或"培育心灵"等描述语，如今被"为知识经济做贡献"或"促进多元、尊重和包容"等新出现的陈词滥调推搡到了一边。

用生动又具体的语言概述一项活动本就是一桩难事，而用超越俗套的方式来描述精神生活的价值，则尤为艰难。出于这个原因，我认为大学的拥护者在参与提案或辩论时，最好以更具战术性、机会主义和辩论性的模式行事，而不要试图从零开始提出一些包罗万象的通用阐述。顾名思义，批评（criticism）听起来似乎只有"纯粹消极"的色彩，它甩出华而不实的抽象词语，趾高气扬地卖弄高深。但事实上，好的批评必然会利用理想和价值观的光芒，映照出其所审视的主张或衡量标准的不足，进而显露其积极的、建设性的一面。此外，批评可以合理地将幽默纳入其事业——使读者发笑更有可能让他们继续阅读下去，也是赢得他们支持的良方。本书第二部分的各个章节就是本着这样的精神撰写的零碎文章，这些针对大学近期历史上某一时刻（或针对近年出台的某一措施）的有感而发之作，力图开启重新阐述的任务，以期为公共讨论提供更好的表述方式。

此外，我们还应该认识到，为大学辩护时遭遇的困难，有的来自未经分析的伪相对主义（pseudo-relativism）这一辩论风气。（此处之所以使用"未经分析"一词，乃是因为当人们明确表达这样的立场时，总会出现内部不一致和前后矛盾的情况。）平等主义理念本身固然值得赞许，但它可能引发"谁又说得准呢？"或"这只是你的个人观点而已"的回应姿态，含蓄地否认了理性论证的可能性，即我们可以通过说理来证明某些事情比其他事情更有价值。关于大学的争论主要围绕资金问题展开，这样的辩论基调大大地助长了一种普遍观念："公款"的支出原则是，这笔支出必须能促进繁荣。如此消费主义观念，成了人们衡量大学开支的唯一原则，并已被人们普遍接受。（顺带一提，我们应该质疑"公共"资金和"私人"资金这一常见的区分，特别是要考虑到这一事实：所谓的"私人资助"在实践中也受到"公共"基础设施的支持和补贴。)这很容易造成庸俗的经济决定论,即大学所开展的活动的正当性,必须能且只能通过它们对经济的贡献来证明。面对这种情况,我们必须一遍又一遍地强调一个显而易见的道理:社会教育下一代,不是为了让他们为经济做出贡献;社会教育下一代,是为了让他们延展、加深对自己和对世界的理解,在成长过程中获得职业所需的有用知识和技能——但教育的内容不限于此,正如职业生涯也不是他们生活的全部一样。这个关于教育的普通观点,放在大学身上则表现为一种特殊形式:在大学中,无论开展何种程度的专业或职业"培训",其支配性目标都是通过自由探索来提升人类的理解力。出于完全值得称道的动机,我们不断陷入为一项活动辩护的陷阱:我们最初(以及其后很长一段时间)从事一项活动往往出于其内在的趣味和价值,但在证明其合理性的时候我们却说,之所以从事这项活动乃是因为它会附带着给那些无法理解其内在趣味和价值的人带来好处,赢得他们的欢心。如果我们说学习拉好小提琴的价值在于它提升了手指灵巧度,从而让打字更熟练,我们就会陷入本末倒置的僵局中。

应该承认,大学对政府来说是一个问题;而在市场化的民主国家,大学对其民粹主义政府来说更是一个尤其特殊的问题。在民粹主义政府看来,选民只会接受两种辩护理由,一是大学可以从事人力规划，在特定经济体中对未来雇员进行培训；二是大学里开展的"研究"可以带来某些狭义的好处，尤其是医疗、技术和经济方面的好处。第三种辩护理由是，大学具有文化传统的保存、培育和传播的功能，但这个观点只适用于少数卓越的、有点类似于国家美术馆和博物馆的机构，而不具有普适性。第四种辩护理由涉及公民价值观的社会化，这一点在美国和法国已经得到相当大的认可，但在英国从来没有很好地发挥作用，部分原因在于，对大多数英国人来说，支配其日常生活的政治理想和社会理想是隐而不宣的，似乎不需要被明确表述和灌输。近年来，这种自满的看法已被大大动摇，官方对英国日益异质化的人口需求的承认表明，这种辩护理由在未来将变得日益重要。同样值得注意的是，社会对根深蒂固的不平等现象感到不安，但它又不愿意通过重新分配财富进行一场真正的结构性变革，于是干脆从"公平竞争环境"这样的误导性隐喻中寻求慰藉，假装通过高等教育的扩招，来实现人们日益期望的"社会流动性"。

政府根据不同的场合和受众，从他们的众多理由组合中选出不同的说辞：当政府吹嘘英国的"顶尖"大学在世界精英大学中的地位时，它赞美"研究卓越"；当政府代表英国的公司化大学发言时，它主张"就业培训"和"技术转移"；当政府直接向选民讲话时，它强调"教育机会"和"人才发展"。诸如此类的流行语,会随着社会风尚和政治潮流的变化而变化,但我们仍然可以识别这些不同目的之间的潜在张力。正如我之前提到的,各种辩护理由不仅彼此之间有所不同,时而还产生激烈冲突。就此而言,自19世纪以来的科研理想显然与性格塑造这一理想有些格格不入,因为科研所要求的狭窄的关注面向往往不利于性格塑造所需的广度和多样性。同样,现如今人们既主张用大学教育来开发人的潜力,也推崇用大学教育来提升经济竞争力,但这两者显然相互龃龉;譬如,人们发现自己要开发的潜力,是成为作品滞销的晦涩诗人,这时该如何协调"潜力"与"经济"的矛盾呢?

纵观其悠久的历史,大学一直是选择性的机构。在不同时期,大学曾根据人们的宗教信仰、职业或政治立场等标准进行有侧重的挑选,但几乎在所有时期,它都根据社会阶层进行甄选;而在20世纪,其选择的标准却日益受到智力资质的影响。市场化的民主国家信奉表面的平等主义,对以个体能力差异为遴选标准的主张怀有忧虑,对不同活动的价值有着本质性差异的观点尤为惴惴不安。消费者的自主选择上升为一种意识形态,它认定所有需求在原则上都是平等的,唯一可接受的价值标示就是消费者的需求,除此以外的任何东西都有"精英主义"意味,都散发着指手画脚、强加于人的家长制意味。于是,如下看法会触动众怒:有些活动本质上就是比其他活动更有价值,有些具备相关资质的人就是比其他不具备这些资质的人更适合从事这类活动。

如果遴选标准受到因袭而来的特权的影响,那就更会触犯众怒了。为了说明这里的问题所在,不妨想想主流体育运动的顶尖选手的例子(音乐和舞蹈学院的情况可能亦如此)。一个有趣的现象是,人们对这些体育名流的"精英主义"就毫不介意。无论是体育院校和青训队的层次,还是具有国际竞争力的顶级球队的层次,人们普遍接受以个人能力作为唯一不变的选拔标准的原则,并认为成功者理应获得金钱(包括来自纳税人的钱),以便买到最好的设施和后备支持。这种公众支持存在一个明显的先决条件,即在这些主流体育运动中,社会阶层和种族出身不再妨碍运动员取得成功。如果人们在这方面存有疑虑,就像前一阵子人们对板球和联盟式橄榄球等运动产生的疑虑一样,那么"精英主义"的判决将迅速生效。同样重要的条件是,体育运动应该受到大众的欢迎,并且至少部分地受到大众资助,而这些公众又会反过来期望运动员的高水平表现。如此情形之下,如果一个出身普通的人在大众普遍热衷的活动中表现出色,他就不会被默认为"高人一等",严格的资质选拔也就会被视为是必要且公平的。与体育运动相比,大学并不享有这些优势。

因此,若要证明公众对大学的支持是正当而合理的,就必然面临一个根本性的难题:就其本质而言,大学所从事的大部分活动都可以被视为"无用的"和"精英主义的"——也就是说,无论从经济繁荣的角度,还是从"社会包容性"的角度,大学都未能做出直接贡献,故而难以从这两个角度来为其辩护。但在这里,我们触及了关于大学的公共讨论的限度。每每碰触这一难题,大众便无法往下进行富有成效的探讨了。如我在本书所强调的,在我们这样的市场民主国家,政治家容易找到一种合适的语言去宣传"消费者想要"的东西,却很难推广那些传统上认为"本身即是好的"东西。大学一如既往地发挥各种各样的职能作用,但与此同时,它们所从事的核心活动却不限于这些工具性作用。诚然,我们在为大学的非工具性作用辩护时,很难找到合适的语言来谈论大学内部存在的这种无法消除的紧张关系;但我们若不去尝试,那就确实如批评者所说,我们便默认了当下对大学存在理由的描述,听之任之。我们时而觉得,我们最现实的希望也不过是——用一位擅长重复表述的现实主义大师的话说——"再次失败,更好地失败"①[2]。即便如此,我们也必须再试一次。

---

① 原文是"fail again, fail better",语出萨缪尔·贝克特。贝克特,20世纪爱尔兰作家,荒诞派戏剧的代表人物,1969年获得诺贝尔文学奖,代表作有戏剧《等待戈多》《剧终》《啊,美好的日子!》等。按照文学史的归类,贝克特属于后现代主义作家,文中所用的"现实主义"多指他的作品中散发的现实感。

2

那些在大学工作的人经常被告知，为大学辩护时要"务实"。除非辩护的方式得到政府和纳税人的认可，否则就有"搬起石头砸自己的脚"的风险。但要做到"务实"，往往不得不采用某些特定的范畴和描述，而我们深知，这些范畴和描述其实歪曲了大学所从事的大多数工作的真正目标和价值。这一点困扰着英国在内的许多国家的众多学者，令他们深感不适。他们总是被迫言说一种充满隔膜的陌生语言，不得不胡乱拼凑出一些声明，旨在证明自己的学科对国计民生的贡献，然而他们内心深知，这些既不是自己从事科研的初心，亦非该学科的旨趣或价值所在。同样，他们也不得不按照监管标准拟定的时间表和模板进行研究，并及时发表研究结果。因此，他们的许多公开言论变成了抱怨乃至诡辩，也就不足为奇了。然而这样一来，他们可能会丧失一些可以利用的公众支持。

毫无疑问，在使用那套规定语言的时候，高等教育的官方代表是真心诚意的。即使他们已经认识到，现实中除了那套语言别无选择，他们还是自信地认为此举并不会影响自己对知识探索之性质的正确理解。不过，这里有双重风险。首先，如果这是大学拥趸提出的唯一论点，那么很快，只有看似能带来经济效益的活动才会被判定为值得资助。其次，这种单一话语的结果是，我们逐渐对这些措辞习以为常，不再关注它们如何殖民我们的思想。当我们第一百次读到科学研究理应得到资助，因为它有助于"经济增长"时，它听来犹如例行的咒语一般，在反复诵念后，成了一个自明之理，我们甚至不再注意它所描绘的知识探究的方式，默认后者是一种类似生长激素的东西，默认"增长"必然是好的，是可取的。当我们一再被告知大学有助于提升"国家竞争力"时，我们几乎意识不到这可能是一个扭曲的乃至不可取的目标。一旦离开这个公共话语世界，回到大学真实的研究世界，我们便从麻木的默认中惊醒，并获得一个有益的认知：语言既是我们的仆人，也是我们的主人。

有鉴于此，如果将政治家、高校的行政管理人员、商业领袖等人就大学所做的演讲和所写的文章进行一个小型文本实验，兴许会得到一个有趣的发现。我们尝试删除所有提及"经济繁荣""增长""经济竞争力""创造财富"的字眼，然后仔细甄别这些文本还剩下什么，是否还残存任何为大学的价值、为大学所从事活动的价值辩护的只言片语。我想，残留的文本可能近似于一幅前现代战场的画面：战场上只剩下一小撮幸存者，他们敷衍了事地继续着军事行动，却已经与主力部队失去联系，并且在敌人的第一次联合攻击下将遭受致命打击。这些残缺不全的段落，宛若伤痕累累、空空如也的战争景观，只剩下几点有名无实的价值残存其中——有的高举三角旗，旗帜已经干瘪下垂，上面仍然清晰可辨的，是它曾经引以为傲的"文化"二字，而有的则拖拽着一个标有"卓越"二字的拖车，后面本该挂着的一门火炮却不见踪影；这几点价值已经毫无战斗力了，也无从意识到它们在更大的战略布局中的位置。

　　神话中的动物，能告诉我们很多人类社会的希望和忧惧：人类难以启齿的欲望和焦虑，不仅能在这些动物身上得到直观的表露，还被赋予一种戏剧性的力量。在我们的讨论中，经常出没的动物就是"纳税人"。这种性情乖戾的多刺生物，在与其他生物的接触中，总是疑虑重重，害怕自己贮藏的食物——它喜欢称之为"来之不易"的"劳动"果实——被劫走。这头野兽竟然有时间劳动，这实在令人惊讶，因为它总是被描绘为孜孜不倦的窥伺者，时刻提防各种捕食者对其财产的威胁，一有风吹草动，便猛扑过去，绝不与其他动物分享它的劳动果实。但在伟大的诗歌叙事中，我们也读到了这样一番描绘：这只神兽容易注意力分散，也容易被安抚；如果它被告知，它的宝库的一部分将用于为包括它自己在内的所有动物建造更大的宝库，那么它会变得惊人地温顺、服从。保护和壮大它的宝库似乎是它唯一的活动：它和蚂蚁一样是单一文化的生物，但远没有蚂蚁那么善于合作、足智多谋。如果它是一个真实存在的而不是神话中的虚构生物，这些限制性的、自我挫败的特征必然会导致它濒于灭绝。

　　大学面向校友发出的募捐宣传，与它们面向政府和"纳税人"发出的募捐宣传是不同的，我认为这点很重要。一般而言，校友容易受到智识成就和创造力的吸引，因此他们似乎愿意支持学者对《奥德赛》所做的精彩纷呈的新颖解读，也乐意资助一个有望被证实的遥远星系的运动表现的假说；他们为自己的资助行为感到骄傲，并且无需用"本研究将提高新产品的销售额"之类的理由来说服别人。事实上，他们立即发现，这样的说服理由根本就是无稽之谈，也无关紧要。说它是无稽之谈，部分原因是他们很可能自己就是通过销售这种产品发家致富的，所以他们知道，靠学术研究来促进这些产品的制造和营销，实在太离谱；说它无关紧要，部分原因是他们恰恰想要资助这样的学术研究，因为在他们看来，该项研究要比商业或金融活动更具内在价值和持久价值。此外，大多数捐助者意识到，他们不应该试图对大学捐款的用途进行微观管理：他们当初之所以选择资助某所大学的某个领域，不仅是因为他们对该领域本身有兴趣，更是因为他们相信它聚集了一群天赋异禀之人，这些人对于如何推进和教授自己的领域，能做出比捐赠者更好的判断。最后，捐赠者和我们有一样的情感和倾向，譬如感激、慷慨，也和我们一样眷恋和渴望，因此我们理应允许捐助者顺应这些正常情感的指引，而不是假定他们是理性的机器人,只关心如何最大限度地促进经济繁荣。

对过度个人主义和经济学前提的依赖,一再将公众对大学的讨论推入死胡同。譬如,有人时而争辩说,那些自己不上大学的人没有理由通过他们的税收来为别人的大学费用买单。看得出来,这是一种极端的个人主义观念,它将大学教育及其附加产品视为纯粹的私人商品。我可以选择不生孩子,但我很乐意为妇产医院、小学等机构提供资助,因为我想生活在一个为妇女生育和儿童教育提供保障的文明社会。我可能很少乃至从不参观各种各样的专业博物馆,因为我对其馆藏不是特别感兴趣,但我仍然乐意通过缴税来支付它们的运营费用,因为我想生活在一个重视博物馆的社会中,这样的社会不仅铭记历史,还能赏识博物馆所提供的想象力和情感刺激。我可能不是种类繁多的公共品的直接受益者,但我认为全社会应该齐心协力资助它们。我觉得这种信念确实得到了非常广泛的认同;哪怕尚未如此,但只要把情况讲清楚,也终会得到人们的广泛认同。显然,每一种公共品都有其自身特点,在特定的政治语境下可能需要与之相应的支撑论据。我并不是说,这里提到的各种活动,在所有方面都和大学的教与学有可比性,而是说我们已经以各种方式认识到公共品——从国防到卫生和福利,再到教育和文化——对我们的诉求;阐述和扩展这些诉求的逻辑,则有望推进我们对大学品格的理解和支持。且不论其细节如何,这一观点秉承的精神无疑指向了美国第二任总统约翰·亚当斯①很久以前就明确表达的信念:"全民必须接受全民教育,且必须愿意承担全民教育的费用。"[3]

在阐述"教育是一种公共品"这一观点时,我们切勿言过其实。高等教育的拥趸有一种倾向,他们不仅要使大学与几乎所有目前公认的道德价值和政治价值相容,而且要使大学成为实现这些价值的必要乃至充分条件。譬如,在《不为牟利:为何民主需要人文学科》(*Not for Profit*:*Why Democracy Needs the Humanities*)一书中,玛莎·努斯鲍姆②近乎危险地暗示道,只有那些在大学期间修读过"伟大之书"课程的人,才能实现对他人的尊重和宽容。[4]我们当然希望,在帮助人们增强文化意识的过程中,我们也能增强而不是减弱他们的人类同情心,但"有文化"和"有同情心"之间却没有必然的联系。令人尴尬的是,几乎所有认为学术、科学、文化能改造其实践者,使其成为"更好的人"的观点,都很容易遭受明显反例的打脸。以扎实的学科素养为前提,让心灵有序地就某一主题进行自由探

---

① 约翰·亚当斯(John Adams,1735—1826),政治家、律师、外交官,于 1797 至 1801 年担任美国第二任总统。亚当斯是《独立宣言》签署者之一,被誉为美国开国元勋、"美国独立的巨人",与华盛顿、杰斐逊和富兰克林齐名。

② 玛莎·努斯鲍姆(Martha Nussbaum,1947—),美国著名哲学家,芝加哥大学哲学系与法学院教授,她在政治与道德哲学、古希腊罗马哲学、女性主义哲学等领域的研究工作受到广泛关注,著有《善的脆弱性:古希腊悲剧和哲学中的运气与伦理》《诗性正义:文学想象与公共生活》《培养人性:从古典学角度为通识教育改革辩护》《寻求有尊严的生活:正义的能力理论》等。

索——这是学术和科学研究的核心，但它主要是一种认知成就，而不是道德成就，至少不直接构成一种道德成就。有些人在对自然界的理解上取得了令人眩目的突破，但与此同时，他们在生活中的某些方面却表现得令人憎恶，其所持有的政治观点亦引人侧目。这一事实并不能成为否定科学探索之价值的论据。我们必须承认，人文学科也有类似的反差，只不过在人文学科中，学术成就所需的理解力与可恶行为所展露的理解力匮乏之间的反差，有时候不如科学学科来得那般显著。

2010年秋天，英国围绕《布朗报告》对大学经费展开的讨论，比以往任何时候都更加强调高等教育的双重属性：它既是一种公共物品，也是一种私人物品（见本书第十章）。这不仅有助于人们理解大学的本质，对于大学如何筹集经费也至关重要。正如我前文指出的那样，将高等教育视为一个部门的事业，认为它单纯保护当代学生（也许还有大学教师）的利益，是一种错误的看法。它必须被呈现为一份普遍的社会事业，所有公民都可以给予支持，无论他们（或他们的孩子）此刻是否在大学念书。更重要的是，这种社会公利（social good）不应该沦为纯粹的经济效益，尽管在国家媒体上抛出这一观点将面临巨大困难。人们虽然承认教育能给**个人**带来一些非物质的利益——譬如，个人的自我实现或智识能力的提高——却仍然倾向于将**社会**公利局限于"生产力""竞争力""创新"和

"增长"等常见的陈词滥调之中。可见,话语往往被结构化,使非经济的等同于私人的,经济的等同于公共的。我们需要展示一种相反的话语结构,即高等教育不仅能让私人受益,也能让公众受益,并且可以从经济之外的多种角度来描述这一公共利益。

对于人文学科而言,这方面的工作相当紧迫。如我前面提到的,公众普遍怀有一种信念,即科学领域的发现、发明和应用会直接改善人类的福祉(不过,对于纯数学或天体物理学等几个离现实生活较远的高深学科来说,这一联系远非显而易见)。这种信念无论内含怎样的张力或矛盾,都使人们更容易为科学学科的地位做辩护,而这反过来往往意味着,当涉及科研经费的申请等问题时,这些学科更易于获得资助。相比之下,如我在上一章中所说,人文学科的"意义"或效用不能被轻易概括,也无法被迅速理解。相关的官方或专业机构,如艺术与人文研究理事会(AHRC)或英国国家学术院①,已经拿出了大量有力的佐证文件,试图阐明它们所代表的学科已经取得的经济效益和社会效益。[5]这些文件提供了透彻翔实的论

---

① 英国国家学术院(British Academy)又称"不列颠学院",是英国于1902年成立的国家学术机构,宗旨是支持人文学科与社会科学的研究,增进英国在国际上的领先地位。人文社科领域的学者一般以获选为该机构的院士为荣,因为这是对学者学术成就的最高认可,彰显自己在学术领域的崇高地位,入选的学者可以在自己的名字后面冠以院士(FBA)。

证,还使用了说明性的统计数字,整体上传达出一股头脑冷静的现实主义气息,足以很好地完成这项证明学科价值的任务。然而,对于大多数真正从事人文学科的教学研究工作的人来说,这些佐证文件既是一种政治需要,也是一种范畴错误。当然,在这些文件中,人们试图讲述"白厅①唯一会听信的那种话语"——即为经济繁荣做贡献的话语。但对于人文学者而言,他们应该建构的话语是人文学科为何如此有趣,以至于自己甘愿为之奉献终生。尽管海外留学生支付的学费、英国出版业的年收入都在不断增长,英国剧院所得收入也在持续累积,但是人文学者试图证明的真正价值不仅被忽视,而且被剥夺了合法性,好像这种话语显得过于天真或令人尴尬。这意味着,此番辩解终将无法描述他们力图捍卫的研究活动的独特性。毫无疑问,若有人估算一下莎士比亚所创造的从戏剧作品到茶巾的大大小小的收入,总额兴许接近一个小国的国民生产总值呢。然而,即使估算出的收入总额减半乃至归零,人们也不会觉得莎翁作品的**文学**趣味和价值减损一丝一毫。("莎士比亚"几个世纪以来在世界文化上的成功本身就是一

---

① 白厅(Whitehall),又称"怀特霍尔",是英国大伦敦下辖的威斯敏斯特自治市内的一条大道,英国国防部、外交部、海军部等在内的诸多政府机关均坐落于此,因此"白厅"现为英国政府的代名词。"白厅"得名于怀特霍尔宫,后者是自亨利八世至威廉三世治下的英格兰国王的居所,但于1698年焚毁。现在的白厅,除政府建筑外,还有诸多雕塑和纪念碑,如英国纪念战争中阵亡战士的国家级纪念碑"和平纪念碑"。

个有趣的话题,但这是另一个问题了。)同样,对一部专门研究莎士比亚或任何其他作家的优秀批评专著而言,其质量并不能取决于这一可能性,即是否有电视制片人在读后深受触动,并将其制作成一档收获数百万观众的电视节目。纵使这个节目本身有可取之处,我们也不能据此评估该专著的质量。倘若人文学科把所有鸡蛋都放在这个特定的经济篮子里,那将造成巨大的危险,因为这些领域中许多最有价值的学术研究几乎没有——或根本没有明显的——直接经济成果。因此,试图更充分地描述人文学科的特征至关重要,这样一来,倘若有人被迫完成阐述人文学科的"意义"这项令人绝望的任务,他就不必再从原有的、几乎必然会忽视或诋毁其内在价值的前提出发。

至此,我们针对公众对科学和人文学科所持有的不同立场进行了观察评论。在这一论证的过程中,我们切不可支持"两种文化"的对立,亦不该以任何形式重演这一对立。这不仅是因为科学与人文这对传统的二分法在方法、主题或目的等方面毫无一致的知识基础;更重要的原因在于,人文学者与科学家在大学宗旨这一议题上其实有颇多共识和共同利益,而常见的那种陈腐乏味的学科对峙根本体现不出这一点。的确,粗略的经验法则告诉我们,越是杰出的科学家,越容易承认智识探究的共同品格,也越愿意与人文学科的同事联合起来反抗各种歪曲这一共同品格的公共讨论或评估方式。"两种文化"的议题有其来处，也有其归途。当下仍然秉持这种文化二分者，主要是那些对自己的科学家身份产生某种文化不安全感的人，或者是那些从事科学研究的管理人员而非实际搞科研的人。毋庸置疑，出于某些日常实践或制度上的目标，遵循传统的粗略学科分类是有意义的，尽管这在科学与人文学科的"两边"均产生了令人尴尬的定义问题。出于某些实际原因，工程学和医学中偏向应用的部分，常与物理和生物学划归到一起；而出于别的原因，这两个领域又会被分开处理、区别对待（例如，它们都有各自的国家科学院①）。与此同时，诸如"艺术、人文和社会科学"这样的词组，则试图提供一个保护伞式的总称，下面聚集了众多迥然不同的科目，人们平时不会认为这些科目之间有何共同点。在伦敦，英国国家学术院和皇家学会②比邻而居，位于同一座宏伟的摄政时期风格的联排建筑里，还共享一些设施——这既象征着人文与科学的传统区分，也巧妙地表达了两者的同等地位和共同利益。学术科

---

① 这里，作者指的是成立于 1976 年的"英国皇家工程院"和成立于 1998 年的"英国医学科学院"。英国共有五大学术院，代表英国最高学术水平的学术团体。除此之外，还有"英国皇家学会""爱丁堡皇家学会"和"英国国家学术院"。

② 皇家学会，全名为"伦敦王家自然知识促进学会"（Royal Society of London for Improving Natural Knowledge），也常被简称为"王家学会"（Royal Society），是英国资助科学发展的组织，也是英国最高科学学术机构。皇家学会成立于 1660 年，其宗旨是促进自然科学的发展，它是世界上历史最长而又从未中断过的科学学会，在英国起着国家科学院的作用。

目的重组和细分有多种方法，它们在逻辑上并不彼此抵触，也不自然而然地分属于两个互斥的范畴。总而言之，所有学科性的智识探究在社会价值上有着共同的关怀和兴趣，故而应该结成一个利益共同体，联合起来一起捍卫学术研究的价值。

3

包括本书在内，几乎所有关于大学的文章都会反复遇到一个比例失调的难题：一方面沉溺于对大学宗旨的拔高、浮夸描述；一方面则未能充分而务实地顾及当代境况，即大学里实际发生的日常经验。两者之间的显见差距，不只是我们常见的那种理想与现实之间普遍存在的差距。如前所述，无法控制的心灵生活自然会引起言语过剩，致使人们对大学的描述有失分寸，做不到字斟句酌、具体明确。不过，这种飙升的词汇量总得落实到某一套由历史决定的制度安排上，后者必定是片面的、有缺陷的，难以让人看出这一套工具性的活动何以产生如此崇高的语言所描绘的那种结果。此外，学术和教学必须涉及某些特定的主题——譬如，聚合物、但丁、社会调查设计、夸克、言语行为、玻利维亚经济等数不胜数的特定主题——人们起初尚不清楚，这些全然不同的活动，何以受制于相同的知识探究规范，或何以产生具有可比性的教育结果。

反思 21 世纪初多数英国大学在教与学方面的日常经验，反而会加剧这种普遍存在的困难。就算这些机构如今开展的令人眼花缭乱的活动，与它们就其目标和价值所作的高谈阔论之间在原则上具有某种连续性，但在实践中，似乎仍然只有讽刺或戏仿的艺术才能恰如其分地描述开展这些活动的条件。如前所述，过去二十年来，英国高等教育的转型规模之大，堪称创造了一个全新的大学世界。在某种程度上，教育规模的扩张反映了人们在政治态度、文化态度等方面的转变。面对这个新世界，不同观察者择其不同特征进行褒贬，而每种观察评论都有一定的合理性。有人认为，当今的大学可能比一两个世代以前的大学更重要、更具包容性、更有责任感；也有人认为，当今的大学不如以前那么有特色、那么有吸引力了，读大学的意义也远不如从前。不可否认，现在的大学无论在机构类型上，还是在研究领域方面，都变得更加多样化；也可以说，它们在教育质量和教育活力上相差很大。当今大学的使命宣言，或许足以贴切地描述 1850 年的牛津、剑桥，以及苏格兰和伦敦的少数几所学院的情况，也基本适用于 1950 年英国 23 所大体同质化的大学，但要用来描述当下约 130 所多元化、异质性的大学，就显得力所不逮了。

实际上，当今大学表面上的多样性掩盖了其基本面上的连续性。许多新学科或子学科，本质上还是早期方法的重组，或现有方法对新主题的扩展。大约一个世代以前，可能还没有名为"神经科学"的院系，但现如今，该称谓下所从事的科研活动，却能同时被生理学家、实验心理学家、脑外科医生等学者所辨识和理解，尽管这些人一直在不同名称的院系中度过职业生涯。同样，文化研究看似是一项新奇的事业，因为它一度打破了人文和社会科学领域广为接受的学科分类方法，但实际上，它先是继承了社会学、文学批评、人类学等学科的研究成果，然后通过对其的整合与重塑而获得进一步发展，再将由此获得的方法应用于新材料——后者与社会历史学家或音乐学家所研究的材料没有实质性的差异。尽管马克思早已指出，所有社会现象都有一个从量变到质变的临界点，但数字的野蛮扩张本身并不必然导致基本原理的重大改变。当我们满怀自信地说，"适龄组中只有6%的人上大学时，那套制度安排或许能行之有效，而等到有45%的人上大学时，其效果必然变差"，我们通常想到的是诸如经费或政治理由方面的问题；然而，对于现在参与者众的开放式学术探究而言，其性质在原则上几乎没有变化。

在讨论大学的特性和职责时，数字问题也会陡然出现。譬如，倘若研究和书写人类或自然世界可以如此有趣、富有价值，为何不干脆让每个人都去做这样的事呢？对于那些想要为大学辩护的人来说，这个唐突的问题显然是不切实际的，但它仍不失启发性。如果我们所拥护的东西果真那般有价值、那般重要，为何不让每个人都去研究呢？也许在某些情况下，我们确实会这样做——不过，我认为没有理由预先指定人口比例。布莱尔政府将高等教育普及率的目标设定为50％，这一所谓的理想数字就毫无道理。1963年发布的《罗宾斯报告》敦促，任何有"潜力"好好利用大学的人，都应该获得高等教育的机会。这份报告基于一个假设，即未来的大学入学率会高于目前的低入学率，但可能不会高得太多，至少不会无限高。在实践中，英国往往把高校录取的任务委托给高水平课程①考试委员会和大学招生导师（university admissions tutors）这一组合；当合格申请者的数量超过大学招生限额时，大学就会做出增加名额的政治决定。没有一个可供使用的神奇公式，来确定英国高校的录取人数。后者既不完全取决于申请者的需求，也不完全取决于教育部长的命令，而是运气、惯例、时机、资质、资源等多种因素叠加的结果。这个数字很可能在下一代显著增加，不过我们永远无法预知（这些具有相关潜力的）大学生人数何时达到上限。出于这些原因，虽然我们需要警

---

① 高水平课程（A-level），全称是"英国普通中等教育证书考试，高级水平课程"（General Certificate of Education Advanced Level），是英国中学生的大学入学考试课程。大部分英国学生花两年的时间修完该课程，参加结业考试（相当于我国的高考），考试成绩将作为大学招生录取的依据。

惕这种招生规模的增长所带来的变化,但无论适龄人口的大学入学率如何变化,我们对大学"宗旨"的描述应该仍然适用。人们对大学所做的合理而充分的构想,不必担心受到大学扩招的影响。

与此同时,数字之争的背后可能潜藏着另一种困难。例如,即使我们可以证明某项学术或科学活动本身是重要的,而且是一项更大的教育项目和研究计划的重要组成部分,那么应该如何决定多少人去从事这项工作?这就好比问一个社会应该有多少位一流的双簧管演奏家一样。我们又该如何决定,亚述考古学领域应该有多少位学识渊博的学者呢?"市场能承受多少,就应该有多少"这样的回答,不是愚蠢,就是故意抬杠。这些活动不存在真正的市场:所谓"市场"其实是人为操纵的机制,若有人对现有的规定表达这样或那样的不满,它就会被定期做出调整。这些活动事关文化的未来,后者必然含有投资的成分,让一些人认识到这一必然性,也许是一项教育任务,单纯依靠市场力量根本无法做到这一点。然而,没有一个通用公式可以明确指出,在保障某个技艺的存活及传承所需的最少人数外,一个社会还应该拥有多少位这个行业的专才。与 1900 年,甚至与 1950 年相比,英国现有的古希腊文学学者(或至少具有足够好的希腊语功底来承担该领域的学术研究的人)可能要少得多。此类人数的减少不仅是可以解释的，也可能是完全合理的；无论如何，它是相当大的社会转型的结果，而不单纯是教育法令调整的结果。但问题是，当试图决定在哪个领域缩小规模，以及人数减少到多少是太少时，应该考虑**哪些**因素。

本科生对古代伊朗语言与文学一类的研究几乎没有"需求"（实际上，可供学习的文本范围就十分有限）。但这门学科拥有一个强大的学术传统，其意义是当前该专业的本科生人数所不足以衡量的。我们绝不能失去这个冷门学问，不仅需要教授和培养该学科的下一代学者，还需要向社会推广自己的专业知识，使之惠及那些藏有丰富的古代伊朗艺术品、文物的博物馆和画廊。相比古代伊朗语言与文学，古代近东和中东研究这一大领域下的其他研究方向可能稍微热门一点，但它们依然需要借鉴前者的研究成果；甚至来自比较语言学、考古学及文学史等不同领域的研究者，也都能从古代伊朗语言与文学的研究成果中汲取营养。另外，对那些评论现代伊朗或专门研究现代伊朗的人而言，他们需要了解古代文本在现代文化态度和文化实践中的存在及影响，当然会受益于古代伊朗语言与文学领域的专业知识。这条智识与文化的影响之链很长，乃至无穷无尽，我们无法用一个确切的数字来衡量。在某种程度上，学术机构或中央资助机构所做的决策，终究要基于智识而非数量。这些决策的制定，取决于充分的说理与论证:切勿一想到论证就心存戒备,因为防御姿态是这类讨论的致命起点。

4

当人们要求大学证明其所从事的活动正是其所承诺之事时,另一种防御性就会起作用。这种特殊的防御形式也值得稍加评论。粗略而言,大学通过提供教学和其他学术资源来帮助学生进行自我教育,然后通过各种类型的考试来考查他们的学习情况。与此同时,负责教学的学者和科学家也在通过学术研究,增进对各自学科的理解,并以出版物等形式向相关公众展示新的认知状况。一份表明所有这一切确有发生的年度报告,再附上一份统计和财务摘要,似乎是唯一可能需要的证据——也是仅存的证据。然而,官方还进一步要求,所有这些活动都必须以别的方式得到证实。这再次展现了我们目光如炬的纳税人朋友的多疑本性——或是官方在利用这一可怕的纳税人形象来达到其政治目的。

在现代消费主义社会中,人们普遍怀疑,任何形式的自我调节都必然是掩盖自满乃至腐败的幌子。于是有人认为,"公众"的利益需要通过建立适当的公共监管机制来实现。这些机制往往最机械、最呆板，因为它们必须将复杂难懂的人类成就，转化为某种可衡量的且能为非专家型的公众所理解的"数据"。不过，倘若被审查的活动无法转化为可供衡量的数据，进而不易受到有效的公共监管，其质量只能交由专业人士做出知情判断，这时我们该怎么办？在这种情况下，必须找到一种替代品，一种能够代表真实活动的东西，借此维护公众监督的表象。顺应这一广义逻辑，英国的大学不得不过度关注看似"客观"和"透明"的过程和评估机制，以便向暗自多疑的公众证明，它们真的在做其所允诺之事。为了满足这一要求，大学实际上不得不歪曲自己的基本活动。想一想我们如今经常听到的措辞吧，譬如，大学必须"确保"教学大纲的"送达"(delivery，即兑现承诺)云云。显而易见，这种措辞将课程教学及学生参与视为被动的惰性行为，在教育和比萨之间画上了等号，似乎教育可以像比萨那样轻而易举地送到学生大脑的门口。这是一种危险的话语表达方式，我们绝不能鼓励。不太明显的一点是，此番官僚主义修辞，依赖于"确保"内容的最终送达。可是，真正的教育发生于头脑与头脑之间的冒险互动、心灵与心灵之间的神秘碰撞。就此而言，真正的教育并不能"确保"什么。教师可能会撰写一份课程内容报告，但即使是这样一份貌似客观的报告，也必然与重要的经验现实相脱节。实际上，这份报告并不是现行的"确保"制度所要求的，记录课程经验也并不是他们撰写报告的动力。根据现行制度的要求，教师无须提供关于学习如何发生、思想如何拓展的任何见解，但需要向第三方确认其已遵循之前承诺过的程序。这是问责制谬误的又一则例证，即人们坚信，教师以制度准许的方式对其所从事的活动进行报告，这就相当于提供了某种担保，证明他们已经高效地完成了有价值的工作。

上述空洞的形式主义，由一种焦虑所驱动而生。这一焦虑体现了普遍的信任危机（人们不再相信，经验丰富的教师能对学生的特定教育经历是否——以及如何——影响其理解力这一问题做出最好的评判）。此外，它作为一种症候，也体现了人们对各种人类活动的价值进行理性论证的可能性已然失去信心。这样一来，人们开始在过程的伪客观性上做文章，而不再行使总是引起争议的判断力。我们说服自己，尽管存在种种不完善之处，但"质量保证"（quality assurance）制度至少可以制止懒惰、无能和腐败；我们说服自己，"公众"不会容忍这种形式的"问责制"的缺位；我们说服自己，这是最不坏的结果。但我们所有人都错了。未言明的重大真相是，"保证"的过程实际上并没有达到这些目的，它只不过表明了保证过程已经被遵守；除此之外，再无其他。无论任课教师多么仔细地制定及审议一门课程的"宗旨和目标"，无论指派的官员或委员会多么谨慎地报告这些宗旨和目标均已"实现"，这些报告并没有告诉我们实际发生之事的价值，也无从保证真正的教育已然发生。

我们可以通过理性论证来揭示人类活动的价值。然而目前，人们对这一可能性已经丧失信心，这在包括高等教育在内的诸多领域都产生了非常广泛的影响。官方对公众可以参与审查的规程充满信任，并以之替代了理性论证，于是判断行为被无休止地延迟，或被一层又一层表面上价值中立的官僚语言所掩埋。但是很明显，决策的制定终将摆脱"宗旨和目标"的虚华修辞。毕竟，人们也能利用这套修辞话语，为占星术之类的课程提供一个完美连贯的理据。占星术会是一门极其容易兑现承诺的课程，很可能大受欢迎，而且在教学评价环节几乎肯定会受到学生好评（"尽管一开始对这门课持怀疑态度，不知不觉就会喜欢上它"）。这门课甚至可能在"就业准备"环节获得高分。教师在部门会议上首次提议开设这门课时，他们觉得这门课在知识的有效性和重要性上符合通用标准，在质量保证流程方面，也没有理由指责随后的课程未能"兑现承诺"。

在关于大学的讨论中，还存在另一种话语扭曲，即"卓越"（excellence）的"不可停滞"（no standing still）的观念。[6]它表达了防御性的另一个面向，阻碍讨论的深入。我们经常被告知，无论大学从事什么活动，它都必须以一定的速度持续改

165

进。标准必须总是被"抬高"的。基准之所以存在,就是为了被超越。当这些字眼潜移默化地渗入我们的思维时,我们便很难再坚持说,既然某事已经做得足够好,那么正确的做法是继续这样做下去。有批评者已经指出,"卓越"在这些语境中的含义是空洞无物的[7],因为不存在抽象的"卓越",所以这个描述性的词只有具备以下两个条件时才有意义:(1) 人们从一开始就对相关活动的性质和价值达成一致;(2) 在比较两种活动的相对价值时,人们采用协商好的办法来判断某一活动在多大程度上比另一活动更具价值。但现如今,"卓越"的人必须变得"更加卓越",否则就被批评为自满、落后或犯了某种同样天理难容的过错,这一苛求就使空洞变得更加空洞。(英国一所大学最近刊登了一则招聘高级行政管理职位的广告,广告中称,被任命者将"超乎卓越"地领导这所大学——此番招聘广告词,可能代表了这种话语方式的逻辑报应。)所有人类活动都在不断调整自己以适应不断变化的环境,这自不待言,但现在必须强调的是,在生活中的许多领域,"持续改进"的说法在概念上是不合逻辑的。

不过,这些当代的病态可被视为一个更深层问题的症候。"决策圈"内的政客们时常对大学表现出模棱两可,乃至前后不一致的矛盾态度。一方面,大学被誉为创新和创造性思维的源泉;人们(至少在口头上)承认,自由探究对于发现新思想至关重要。但另一方面，大学因"自我放纵"地培育"无用"的探究而招致批评；人们不断提醒大学，它们肩负着服务社会的使命。因此，大学一直处于相互拉扯的对立中，它们朝着"学术"之路越走越远，对研究对象的阐述越来越细致精微，而政府则试图让大学重新调整方向，以其他事项为重，并设计出各种监管形式，迫使大学执行这些优先事项。这是一种无法消解的紧张关系，是治理无法治理之物的徒劳之举。实际上，人们经常这样劝告大学："要有原创性——但要以正确的方式。"

现如今，人们所赞成的正确方式只有一种：我们必须表明，任何受到公共资助的活动是如何"满足经济需求"的。在某些情况下，它不仅被视为适当或可取的，而且是**不证自明的**。然而，这样的要求绝非不证自明；恰恰相反，它其实十分可疑。如前所述，这种所谓的正确方式带来一个问题，即如果大学从事的活动要满足经济需求，那么经济又该满足谁的需求？如果答案同样是不证自明的，即经济提供了财富，使我们能够去做我们认为非常重要的事情，那么我们显然要先弄清楚什么是"非常重要"的，然后相应地调整我们的经济活动。在很大程度上，当代话语内含一种自我挫败的逻辑僵局：它认为只有当活动 A 有助于赚更多的钱时，开展这项活动才是合情合理的；它同时承认，赚更多钱的目的是使我们能够继续做活动 A 这样的事情。显然，根本性的难题在于将"繁荣"（prosperity）设立为目标，这是一个无人挑战的立场，该话题超出了本书的讨论范围。但是，如果经济活动主要是一种达到其他目的的手段，一种积累资源的方法，人们借此来做比经济活动本身对人类而言更有趣味和意义的事情，那么与其说提升人类的理解力是有价值的，因为它提供了繁荣的手段，毋宁说，繁荣有价值的原因之一是它提供了提升人类理解力所需的资金。否则，我们就有可能一步步走向凯恩斯很久以前所讥讽的那种窘况——"若带不来红利，我们连太阳和星星都能关掉"[8]。

II

序曲：倡议的时机

　　大学需要拥护者。正如我们所看到的，大学的品格、功能或价值等方面，都并非不言而喻。随着人们对大学的期望越来越高，以及随着人们投入越来越多的公共资金维系大学的运转，它们不可避免地受到越来越多的审查。在英国，大学中开展的活动正受到媒体前所未有的报道，也受到前所未有的政治监管——而这正是需要人们发起倡议、给予支持的时机。近年来，在大学教书的人痛苦地意识到，公众和政界对大学的评论中充斥着无知、误解和敌意，这一现象亟须纠正和反驳。但谁应该对这项任务负责，或者采用什么方法来妥善完成这项任务，却并不明朗。大学教师比以往任何时候都要忙碌，他们肩负着不断增加的教学工作量、不可遏制地成倍增加的行政程序，以及由评估驱动的水涨船高的发表义务。另外，他们还需要在国家媒体上发表辩论性的文章或演讲。然而，出于个人意愿或专业训练的缘故，许多大学教师可能不是特别适合在国家媒体发声、参与公共讨论。其结果是，公众现在对学术界的指责又多了一处：如果大学因政策失当或失误而受损，那么学人们只能怪自己，因为他们默不作声，不去为自己所从事的活动辩解。指责者说，如果他们不愿意发声，不愿意挑战这些误导性的高校政策，不愿意争取公众对更为开明的高校政策的支持，那么他们就必须承担自己的胆怯、冷漠和自我陶醉导致的所有后果。

　　有鉴于此，本书第二部分的各个章节正是为了发出这种声音而做出的一系列努力。除了一章外，其余各章的早期版本均已发表（第7章的大部分内容虽未发表，但其主要观点源于本人在BBC广播第三台的两次谈话）。我非常清楚，这些短章相当于一种机会主义的尝试，所能做出的贡献十分有限。我书写它们的原初意图，是为了回应过去几十年来大学和政府之间令人担忧的不平等关系中出现的特定事件。我把这些篇什汇聚于此，既是为了让更多读者关注各章提出的论点，也是为了证明我刚才总结的指控的不真实性。应该强调的是，我发出的声音并非孤例。事实上，一些令人钦佩的同行多年来持续就此问题发出声音，与他们相比，我的声音要小得多，也更断断续续。显然，并非所有学者都对大学问题默不作声。

　　尽管如此，在我看来，这些讨论和异议对大学政策的制定者和执行者来说，影响几乎微乎其微。这时候，我们的反思必然会流露出一股悲伤的现实主义语气。在过去的几十年里，从公司治理结构的强制实施，到连续不断的错误评估程序，种种措施对英国大学造成了巨大损害，于是大量令人信服、引人入胜的批评应运而生。学院之外的观察者肯定会得出这样的结论：正如流行的说法，批评者们"赢得了这场思想之争"。然而，若果真如此，这是一场极其空洞的胜利，因为这些引人注目、往往是毁灭性的批评虽然广受好评，但似乎对政策制定几乎或根本没有影响。这些论证没有得到政府的回应，而是被视若无睹了。与其指责学者们没有足够强烈地表达自己的意见，倒不如得出一个更符合事实的结论，即那些制定政策的人根本没有倾听。

我们当然明白，要想对政客及其顾问的决策产生影响，需要不知疲倦地游说、建立关系网、开展活动，这大体上是一桩麻烦事。没有人指望光靠一篇文章就能在顷刻之间改变政策，无论这篇文章多么有说服力。众所周知，高等教育政策的制定和实施是一项长期工作，需要进行不同层次的辩论和磋商，并受到政治、财政和选举等因素的限制。但这也意味着，有许多参与该过程的群体，他们比忙碌的部长更容易（或更应该）受到各种形式的合理反对意见的影响。合理的反对意见，时而体现为：某些提案的范畴和出发点是不合适的，最终会扭曲它们旨在规范的内容。时而也体现为哲学家们所谓的"内在批评"：即使一个提议的前提本身被人接受，人们在实施这一提议的时候却出现自相矛盾、自我挫败的结果。公务员、政策顾问、高等教育官员和大学管理人员，特别容易遭受这些意见的批评，因为他们必须一开始就对政策做出解释，证明其正当性，然后确保其奏效。任何一个聪明的行政人员都不愿意发布一项他们知道有明显缺陷的提案，因为这样做既容易招致有力的反对，又不太可能获得提案的实施对象的支持。因此，批评英国高等教育政策的人，无须心存不切实际的内幕幻想，即他们的观点必须被彼得·曼德尔森①或大卫·威利茨②或任何暂时对此类政策负有政治责任的人所听取和接受。更现实、长远看也更有效的做法是，把重点放在公众讨论的中间层面上，在这个层面上，那些必须执行政策的人被迫直面不连贯和不合理的证据。

然而，即使在这个层面上，我们也需要不厌其烦地重申精辟的论点、重复良好的论证——尽管这样的喋喋不休令人沮

① 彼得·曼德尔森(Peter Mandelson，1953—)，英国工党政治家，1973—1976年间就读于牛津大学圣凯瑟琳学院，主修哲学、政治学及经济学。在1990年代的重塑"新工党"运动中，他与托尼·布莱尔、戈登·布朗等人被视为关键人物。在1997年的英国大选中，他协助托尼·布莱尔取得了压倒性胜利，结束了保守党长达18年的执政期，他于工党上台后立即进入英国内阁。
② 大卫·威利茨(David Willetts，1956—)，英国保守党政治家，2010—2014年间于大卫·卡梅伦的内阁担任大学与科学国务大臣。

丧。大学科研的错误评估方式有许多种,譬如20世纪80年代后期的"文献计量"热,以及21世纪前十年的"影响力"热。反思这段令人遗憾的评估历史,我们从中吸取的一个教训是,人们一遍又一遍地犯同样的范畴错误。因此,为了抵消这些范畴错误所带来的影响,我们需要重申"研究"活动和"评估"活动所遵循的同一套基本原则。在科学和学术世界,重复提出相同的论点,重复使用相同的材料,甚至重新出版以前发表过的作品,都被认为多此一举、自甘堕落。一个学术问题一旦被恰当地提出并证实,就可以被任何对此话题感兴趣的人查询,而不必再重新叙述,因为原作的内容既权威又易得。但公众世界并非如此。很久以前,约翰·斯图亚特·密尔①曾说过:"对于公众而言,报纸上的一篇文章不过是石头上的一滴水,它只有通过观点的不断**重复**,才能产生水滴石穿的效果。"[1]在英国,围绕大学展开的讨论充斥着陈见和谣传,面对这些长期存在的谬论,我们需要不断用各种事实与之对峙,乃至对同一个事实进行反复重申。因此,本书有时只是以略微不同的术语重复基本相似的观点,我希望这是它的优点而非缺点。大学所从事的活动是独特的、有价值的,不能因为过去已有人

① 约翰·斯图亚特·密尔(John Stuart Mill,1806—1873),又译为约翰·斯图亚特·穆勒,英国19世纪影响甚巨的古典自由主义思想家、哲学家、政治经济学家,支持边沁的功利主义和孔德的实证主义,代表作为《论自由》(1859)和《女性的屈从地位》(1869)。

对此做出精辟阐述，便忘记这一点。对此，我们必须要不厌其烦地加以重申，直到这一事实得到普遍承认。而这一天似乎远未到来。

的确，现在有太多关于高等教育的文章，且持续断言它处于"危机之中"，在这种背景下重谈大学的危机，恐将遭受那个喊狼男孩的下场。正如卡诺坎（W. B. Carnochan）几年前所观察到的那样，人们就美国大学状况所做的总体描述，"已经达到了一种收益递减的境地，在这种情形下，论点表面上的同一性削弱了其活力乃至趣味，同时模糊了单纯的重复性论点与有质性差异的论点之别——后者取决于新的社会状况，它无论多么类似于早期的辩论，其内涵已大不相同。"[2] 我只能希望，这些章节虽然不可否认地表现出"论点表面上的同一性"，但也会让人们注意每种状况下的质性差异。

我承认，将这些已经发表的文章汇编并重新出版，可能显得不够理性，乃至自视甚高。然而，我一直感动于这些文章在见刊之际所获得的巨大反响和好评，每篇文章都收获了大量的读者来信和评论，这远远超过了我曾经做过或写过的任何东西所收到的回应——不仅有来自学术界的回应，也有来自英国及海外的记者、作家和公众的回应。人们的回应极其友好，对我的观点表达了支持，而且几乎没有异议，甚至有人针对拙文力图挑战的高校政策做出进一步说明，详述这些政策的深层失败。更重要的是,这些交流所透露出的喜悦和辩护语气,传达了一种解脱之感,这在学者中间尤为明显,似乎终于有人公开表达了他们深深认同,但在自己工作的大学里几乎不敢承认的信念。就此而言,读者的留言既令人高兴,也让人不安。毕竟,如我不止一次强调的那样,这些章节中的内容既非首次发表,也非惊世之语:它们不过是些老生常谈,可是就连这样的自明之理,竟然也令英国大学里的许多学者缄口结舌,好像担心自己会受到牵连似的。

因此,我决定保留这些章节的原初形态。这意味着文中某些地方的指涉或时态显得过时——比如,在这些章节中,"现在"并不意味着现在,"现任政府"也不是现在的政府。读者必须牢记每篇文章的原始发表日期(分别为 1988 年、2000年、2003 年、2009 年和 2010 年)。如今看来,文中讨论的特定议案的某些细节似乎无关紧要,但对于这些政策背后的驱动原则,我们再熟悉不过,它们至今仍在起作用。所以,我们有必要批评这些固有的原则,从而引入更合乎现实需要的原则。除了一则批判,其他所有批判都是对官方文件提出的异议,我在每章开篇的脚注中列出了这些已发表文章的详细信息。

6

文献计量学^①

1

　　并非所有重要的东西都可以被量化。19 世纪末流行的政治口号是"我们如今都是社会主义者",而我们这个时代的座右铭(墓志铭?)似乎变成了"我们如今都是会计师"。吊诡的是,事物的成本至关重要,却常常无法被计算出来。大学中的"绩效指标"即为一例。也许你已经察觉到我接下来要说什么,于是不耐烦地嘀咕道:"绩效考核就是当今世界的运作方式,难道他还不知道吗? 我们要么老老实实地在他们划定的

---

① 发表于 *University Management Statistics and Performance Indicators in the UK* (London：the Committee of Vice-Chancellors and Principals，1988) 。——作者注

范畴内工作，要么就为我们的忤逆行为付出代价。"可是，什么是**他们**的范畴？忤逆的**代价**又是什么？请继续往下阅读。

在英国大学校长委员会（CVCP）及大学拨款委员会（UGC）①的联合主持下，政府成立了一个小组委员会，专门负责"试验计划"（pilot scheme）的筹备工作。该计划旨在建立"一套对发表作品进行统计及分类的方法"。该小组委员会的成员名单刊登在1988年版的《英国大学管理统计与绩效指标》中。成员包括两名大学校长、一名大学教务长、两名科学政策专家，来自物理、化学和财务管理领域的教授各一名，还有来自教育及科学部、大学拨款委员会和其他类似机构的八名行政人员。在关于"科研发表试点调查"的《导言》中，该小组委员会告诉我们，"迄今为止，那些被咨询的人认为，有一件事情至关重要，即建立一个研究成果数据库……上面可以提供几种适当的文献计量方法"。这个委员会再找人多多"咨询"一下也许会更好。

试点调查所选择的四个学科是物理、化学、经济学和历史学。表格和填表说明弄好之后立即派发出去了，要求填写人提供完整的教师名单、完整的出版物清单和"统计摘要"（上面

---

① CVCP后来成为"英国大学组织"（UUK），而UGC最初被"大学资助委员会"（UFC）取代，后者随后迅速被"英格兰高等教育基金委员会"（HEFCE）取代。英国高等教育领域的缩略词之多，想必我们很快就能完全用首字母缩略词写一个关于高等教育的连贯句子。

注明："这是表格上列出的完整文献目录的数字汇总表。对于每个指定的问题,要求填写人在表格的相应位置填入数字。")我们被告知,试点调查的目标是"就原则和实践问题征求建议,以确保最终敲定的业绩计算方法尽可能令人满意"。至于"适当的文献计量方法"的最终用途,却语焉不详。随附的信件倒是有所提及,"文献计量方法可用于协助科研的评判"。只是"协助"而已,似乎没啥大不了的。

　　大学校长委员会的会议备忘录,记下了这项试点计划的实施建议,后者可能有助于我们了解情况。备忘录上解释道,这一计划的"最终目标",是"大学的每个院系都有科研发表情况的量化数据,但这只是对同行评议这一传统定量形式的补充"。抱歉,没懂,我再读一遍……算了,不管怎么解读,它的意思似乎都是:我们过去的统计方式是计算发表数量,但现在我们有了全新的做法,我们将……统计发表数量(更好地统计? 还是更系统地统计? 抑或以不同的方式进行统计?)备忘录上提及的"传统的同行评议"与我原先的认知不大一样,这或许可以用一个假设来解释,即后半句中的"传统定量形式"系大学校长委员会的笔误,实则为"传统定性形式"。当然,笔误就像口误一样,只是偶然发生的,并不能揭示什么;是啊,大学校长委员会的行政人员把"定量"误写成了"定量",仅此而已,没啥好担心的。

读到这里，你也许会反驳我："好吧，就你聪明，你尽可以拿我们开玩笑，可你倒是说说，除此以外，我们还能怎么办？政府内阁办公室要求我们制定出大学'生产力'的衡量标准，可是除了采用定量标准，还能如何去衡量呢？"

那么，我们就从这个问题出发。我们不再去**衡量**它；我们去**判断**它。充分理解两者之间的区别，是迈向明智的第一步。"它"是什么？是"科研生产力"吗？只要对这个短语稍做思考，我们就会同意换一个出发点，用新的判断标准取而代之。

大学拨款委员会和大学校长委员会联合推广这一试验计划，背后的驱动力是财务和管理方面的。我们被告知，花在"研究"上的时间，必须与花在"教学"上的时间区分开来（大学貌似仅有这两种活动），以便可以为每种活动分配"资源"。"研究遴选"（Research selectivity）包括找出哪些"成本中心"擅长做"研究"，起码擅长承担大量的研究工作，或擅长发表大量的论文，这样就可以减少那些不擅长做"研究"（或做得不够，或发表量不足）的机构的经费资助。由此看来，这种貌似无关痛痒的试行计划能产生重大后果。最根本的问题是，外界要求我们向自己和他人描述我们所从事的活动，而我们的描述所使用的范畴是否恰如其分？这个试验计划提出的范畴在多大程度上是适当的，以及这些范畴暗示了其提出者抱有哪些预设，怀有何种目的？

恐怕，我们不得不再次从"研究"这一范畴本身谈起。之所以说"恐怕"，乃是因为在许多人眼中，对"研究"这一基本范畴表达任何保留意见，都是阻碍进步的不切实际之举。尽管我们毫不迟疑地沿用这个词，但我们务必小心，不要让它带来一连串极为不妥的假设和预期。不得不说——而且现在比以往任何时候都要着重强调——在人文学科的许多领域，"研究"可能是一个误导性的术语。很难简要说明这些领域的工作应该如何定性，但诸如"培养理解力""发掘和培育文化遗产""批判性地思考人类生活中最深刻的问题"等表述，至少为我们指出了正确的方向。这是人文学科所从事的基本活动。在某种意义上，无论我们如何描述这门学科的工作，发表和教学都取决于这一基本活动，并且是它不可分割的自然表达；不过，这一基本活动本身不能只被简化为发表和教学这两个范畴。人文学科的发表并不总是传达"新发现"或提出"新理论"。它通常是一个人通过大量阅读、讨论和思考，对人们早已"了解"的话题做出更为深刻的思考，并将之表达出来。

我非常愿意相信，科学乃至社会科学领域的情况会有所不同。（出于这个原因，不幸的是，本次试点所选择的两门"文科"科目竟然是经济学和历史学；如果它选择哲学或一个基于文学的学科，其适当性的限度可能会更加分明。）即便如此，它揭示了任何统一方案都会遇到的困难。我与一位非常资深的科学家谈及这一计划，他立即回答道："嗯，主要问题是，这些范畴显然是为了反映人文学科的研究而设计的"，并举例说明"评论"或"评论文章"等类别在他的领域里无足轻重，他所在的科学领域更重视对研究团队或资助申请的评估。另一个大型科学研究小组的负责人抱怨道，"调查问卷的设计者事先没有考虑清楚"，并坚信在团队研究与合作研究的某些领域，试图列出个人发表的论文是一种误导。这些不同的反应表明，我们需要警惕大学所从事的各种活动**之间**的差异，并确保我们根据这一差异来判断其表现优秀与否。然而，该试行计划所起的作用正好相反。

它的操作前提是，分类范畴务必统一。为了发展出一套"文献计量方法"，抱怨学科差异——譬如，编辑中世纪早期的拉丁语文本，与进行粒子物理研究可不大一样——是无用的；废话少说，你只管在每个方框里填入一个数字就行了。且不谈这种做法的意义及"数据"的用途，甚至不考虑已发表作品之间在质量和重要性上的判断问题，一个显见的事实是，即使单纯**记录**大学教员的发表作品，也需要一套更多样化、更精细的分类方法。我们把那些对他人的学术至关重要的活动——譬如词典编纂或文本编辑——归入哪个成果范畴？一本多人合作的系列丛书的编辑所起的创造性角色，或一本文学期刊的编辑所起的批判性角色，应该记录在哪个方框里？教师在

《纽约书评》上发表的一篇影响深远的评论文章，或者在给《泰晤士报文学增刊》的一封信中有理有据地驳斥了某经典文本的"新"版本，我们又该如何标记成果？人文学科建议将期刊分为"学术性""专业性"或"大众性"三类，此举意义何在？将"其他媒体"下的条目限制为"对研究有贡献的作品"，究竟是什么意思？我们的文学评论家写诗和小说，我们的历史学家制作电视纪录片，我们的经济学家在周刊上挑战官方统计数据等活动，难道都无关紧要吗？这样的反对意见可以有很多，我只希望参与试点的部门足够自重，提出更多反对意见。

但现实主义的声音又开始大声嚷嚷："要求公费资助的大学雇员提供一些他们活动的记录，也是理所应当的吧？那些反对妥善保留发表记录的人，难不成隐藏了什么真相？"我们目下可以无视此番耳熟能详的抱怨和暗讽，但它确实促使我们深入思考这一试行计划的意图所在。

没人说不应该集体保存发表记录。实际上，我们已经在这么做了。问题在于，文献计量法将产生怎样的效果？如果答案是："别担心，它根本不会有任何影响，只是保留了我们的发表记录而已"，那么我们压根就不需要这样的试行计划。很明显，它意在让我们（让我们暂时保留"我们"的礼貌虚构）做一些之前没有做过的事情，比如判断哪些院系的研究做得好。可是，同行评审依据手头的材料，也照样能做出明智的判断。

有人会说："嗯，如今的'数据'更精确，譬如院系进行比较时，评估委员会能够一目了然地分辨出每个类别中各个院系的发表数量；哦，我们同意，这些分类永远不会是完美的，但是只有当我们有一个统一的分类系统时，才能对不同的院系进行比较评估。"

且慢，先回顾一下**同行**评审的要旨。所谓同行，即那些了解相关领域出版物的人，他们知道某一学科的每种刊物应该赋予多少权重，知道哪些期刊是好期刊。相比之下，"文献计量方法"不会提供任何"客观"的评价标准；它们只会消除适用于每个学科的分类范畴之间的差异。换言之，力图设计一套适用于所有学科的出版物分类法，是没有意义的——除非你想降低同行判断的权重、增加管理者评估的权重。分类范畴的统一化毫无必要，这不仅是因为评估决策过程还包含其他考量因素，更重要的是，它将构成同行评议的障碍，而非其辅助手段。事实上，胜任的评议人不会理睬"数据库"所给出的分类范畴，并且能辨识出某篇评论文章或写给《自然》杂志的信在自己领域的意义。

由此可见，这些发表物的统计信息，将被那些没有判断资格的人用于制定决策，尤其是关于经费分配的决策（如果他们有资格判断作品的质量，那么将发表信息一刀切、划分为失当的统一类别只会阻碍判断）。文献计量方法给人一种依据客观标准而做出判断的假象，目前正在进行的"研究遴选"实践证明了这一点。大学拨款委员会列出了四项遴选准则，用以决定各"成本中心"的"评级"。其中第二项和第三项是可预测的"市场力量"指标：成功获得研究资助、招到学生，以及成功获得研究合同（这是惩罚某些学系——如哲学系或古典学系——的好办法）。第四项标准是"顾问团和小组成员的专业知识与判断，在适当的情况下辅以外部专家的建议"。私以为，这项标准正是我们大多数人所理解的"同行评议"，但请注意，它竟然不是第一项标准，而是最后一项。那么第一项标准是什么呢？——"出版物和其他可公开识别的产出"。这是与"专业知识和判断"完全不同的标准，这一事实无意中泄露了科研产出计量方法的秘密。

2

再往下看，当然就是"引文索引"（Citation Index）。"文献计量方法"这一术语让人摸不着头脑，大多数人将其理解为引文索引。大学校长委员会尚未言明，目前的"倡议"究竟是用来取代"计算被引频次"的方案，还是朝它迈进的一步。可惜的是，后者似乎是更为合理的答案。有鉴于此，这里有必要向迄今为止受到象牙塔庇护的学人解释一下，这项倡议在确定一项科研成果的价值时，大致凭借的是它出现在他人期刊文章的脚注中的频次。这种做法真够简单粗暴的，我第一次听说时也难以置信。显然，计算"他引频次"的做法，适用于科学中的一两个领域，它能合理显示特定刊物上发表的"新成果"的重要性。然而，毋庸赘言，在大多数领域，用"他引频次"来衡量成果的重要程度是愚蠢至极的。

不过，既然眼下的日子如此暗淡，我们得提振一下士气。我先给大家提个醒：整个方案可以被钻空子，乃至被轻易破坏。你所要做的，只不过是在你发表的作品中多多引用朋友的文章，或者引用同系同事的文章，或者引用合作者的文章，或者引用濒临失业的同行的文章（这个弱智的考核方案要求引用率，引用率不达标的话，他们就会因为考核失败而下岗）。在美国，据说在那些痴迷于引用率的领域，现在已经形成了所谓的"引用圈"①。我们甚至可以想象，某位作者为了增加自己文章的引用率，迫不得已在地下出版物刊登一则"征引启事"，广告词是："你可以使一个孩子在这个圣诞节免于挨饿受冻。如何做到？对孩子的父亲（或母亲）发表的文章进行一次引用

① 英文是"citation-rings"，表示研究者为了增加引用频次，与其他研究者建立一个相互引用彼此论文的小组。英文的"clubbing"（联手）和"citation cartel"（引用联盟）也表达同样的意思。

就行了……"

　　然而,即使我们不至于陷入引用计数的死胡同,"文献计量方法"的引入也将以间接的、不易察觉的方式,对英国大学中的智性活动的质量产生普遍的破坏性后果。毫无疑问,如果最终采用"文献计量方法"(UGC 和 CVCP 这两个委员会现在承认错误的话,还为时不晚),那么大学教师将会压力骤增,只能一门心思增加发表的**数量**。然而,这将明显损害 UGC 所宣称的致力于培养"卓越"的承诺。这里,我要再次赘述一下人们早已熟知的道理:人文学科的学术活动需要时间。令每位人文学者惴惴不安,以至于过早地发表尚未成熟的作品,并不会提高我们智识生活的质量,就好比更快的射精"速率"并不必然会改善我们的性生活。这种风气反而会使一项重大课题变得更加难以开展,因为它可能费时弥久,课题负责人在未来几年内的年度成果表上可能颗粒无收——对年轻学者来说,尤为如此。然而,若能从容推进课题进度,发表不求快求多,那么这项课题一旦完成,它的价值可能比学术简历上一大堆微不足道的文章和"拼凑合成"的急就章的价值加在一起还多。另外,过分重视发表数量所助长的风气,亦会对学术之外的判断造成不利影响。譬如,这种风气给部门主管带来相当大的压力,他在教职招聘或人事任命的时候,不得不选择最有可能在最短时间内增加本系发表数量的候选人。

无论对这一事态支持还是反对，人们无不认为在学术生活上，英国将会趋近于美国。这个预言让我想起英国学人对美国持有的种种先见和偏见。提及美国，英国高校至今仍持有一种居高临下的势利态度，认为美国"粗俗""认真"。这种态度不仅局限于英国高校。我不鼓励如此高人一等的傲慢态度。事实上，在许多领域，真正有意义的工作绝大多数都是在美国完成的，而不是在英国；英国目前的"人才流失"恰恰证明了这一点。当然，更大比例的拙劣研究也是在美国完成的，而且美国在各种形式的职业评估方面，比英国更看重发表数量，这无疑助长了学术次品的制造。众所周知，一些美国大学的院长（顺便说一句，他们是管理人员，并非真正的"同行"）在对发表物进行量化评估时缺乏灵活性；"没有著作"意味着"没有终身教职"，不管你是否准备好，你都得出版一部专著。这不可避免地促进了大量不必要、不合格的出版物的制造。这对谁都没有好处：它不仅对作者本人造成伤害，而且浪费了其他学者和学生的时间，还耗费图书馆和其他机构的一大笔钱。

　　整个量化评价制度是考虑不周的错误构想，其动力是美国学术生活的市场精神。在美国的学术生活中，人们过分依赖出版物（大学拨款委员会精妙地称之为"可识别的、公众可以获取的产出"）的数量，允许它直接决定"市场价值"。耐人寻味的是，只有最顶尖的美国大学打算采取灵活的做法，支持同行的明智判断而反对文献计量（"这位年轻的哲学家只发表了两篇文章，但他实在太优秀了，我们无论如何都要给他终身教职"）。原因在于，只有这样的顶尖大学才有底气这么做。执行"文献计量方法"，意味着我们非但不采用美国最杰出的顶尖大学所采用的考核办法，而且不经意间引入了美国学术生活中最不值得效仿的糟粕。

3

实施"试行计划"的组委会，其名义上的责任是推动大学发展、提升大学职能，但它所采取的一系列行动方针，却极有可能歪曲了大学的宗旨，阻碍了大学的发展。我们当然想知道这背后的缘由。对此，我想到了三种可能的解释。

首先，这项试行计划的组委会成员，对其所负责的大学确实不够了解，看不清大学里的大部分活动的性质，因此并未意识到他们正在曲解事实。正如我在前文承认的那样，人文学科的学术研究到底是"关于"什么的，是一个众所周知的难题，无法用三言两语讲明白，又难以从经济增长或技术发展的角度来论证其合理性——"经济增长""技术发展"之类的字眼，似乎是当今坐在财务工位上的一些面无表情的会计师开口讲话时的唯一用语。事实若果真如此，那么我们按照组委会要求的分类方式提交发表成果的报告表，只会让情况变得更糟，因为这会进一步强化管理者对大学品格的误解。

第二种可能的解释是，大学拨款委员会和大学校长委员会的成员非常清楚，长远来看，这项计划及相关做法，可能会限制大学的思想独立，减少政府对人文学科的研究资助，并损害英国学术生活的风气。（事实上，如果你恰好是赫尔大学哲学系的讲师，你会切身地感到诸如此类的恶果已近在眼前，因为这所大学的哲学系正面临关闭的威胁。）然而，他们可能由衷地相信，这项试行计划是大学考核的应有之义。他们可能认为，人文学科不是"真正的学科"，或者认为公共资金不应该花在无法带来明显经济效益的活动上。既然如此，我们必须责成他们将这些信念明白无误地表达清楚。这样一来，我们起码可以在国际上的一片鄙夷之声中获得些许安慰，然后同仇敌忾地谴责这种狭隘而庸俗的信念。

第三种解释较为温和：这两个委员会中的一些成员充分认识到，这些计量方法对大学教师所从事的许多活动是有害的，但又觉得这么说出来失之轻率，或于事无补。我们在急于攀登道德高地之前，必须先对这一立场给予有限的同情。那些对大学的发展身负重任的人理应这般现实，而我们这些不在其位的人，不应急于评判这些人究竟是现实主义者，还是怯懦的胆小鬼。无论如何，身居要职的人不愿大胆说出真相，部分原因可能在于，他们担心自己在身居次位的大多数同僚那里得不到多少支持——从目前的表现来看，后者的反应似乎混杂着担忧、冷漠和狭隘的私利。如果这是最接近正确的解释，那么我们接下来的反应就一目了然。如果这真的只是一个"试行"项目，那么必须告诉大学校长委员会找到弹射座椅①，否则就为时已晚。我们首先需要认识到，大学里开展的活动，其性质较为特殊，其结果不能用"生产力"之类的词语来描述；我们继而需要指出，这些活动可以被判断，但不能被计量；另外，我们必须坚持认为，对于有能力做出质量判断的同行学者来说，"文献计量方法"不但无济于事，反而会阻碍公允评判。

本届政府②对大学怀有敌意，决意降低大学的真正自主权，这早已不是秘密。曾任保守党主席的诺曼·特比特（Norman Tebbit）先生在回顾撒切尔政府第二任期的成就时，他对政府在驯服工会和地方当局等方面取得的进展感到非常满意，然而提及大学，他话锋一转，指出大学一直以来拖后腿，政

---

① 弹射座椅（ejector seat）是飞行员在紧急情况下从飞机中弹出的座椅，用以在飞行事故中营救飞行员和机组人员。这里的意思是，在量化考核方案正式推行之前，学者应告诫大学校长委员会"迷途知返"，放弃这一方案，避免它产生无可挽救的严重后果。

② 此处指卡梅伦政府（2010—2016）。

府却听之任之，撒切尔政府的第三任期将会着手处理这一问题。罗伯特·杰克逊（Robert Jackson）先生是教育领域的专家，曾被谑称为"高等教育部长"，他最近就"高等教育中的'人力规划'"这一论题撰写了一份讨论报告，报告所用的语言，令人心寒地表明当今夺得话语权的都是什么样的声音。他观察到，让大学改变其所"尊崇的学术实践"是非常困难的。他接着说："我们若要降低公共资金的单位成本，就必须想办法迫使高等教育供应商，让它们自己找到切合实际的解决方案。"[1]杰克逊先生在别处谈到了"目前正在进行中的国家整治进程"[2]，政府对大学持有的立场和态度发生的变化正是其中的重要组成部分。也许我们不该过度解读，这些只言片语不过是忙碌的政治家们不假思索地随口说出的陈词滥调，但我们不禁回想起"国家整治"话语曾给 20 世纪带来的不幸后果。

第二次世界大战期间，在被占领的法国，据说分辨通敌者和抵抗者的一种方法是，前者可以毫不痛苦地使用占领国的官僚术语。如今，大学拨款委员会发布的许多文件，其措辞和用语让我们不由自主地联想到这样的历史启示。大学拨款委员会和英国大学校长委员会这两个委员会联合发起的试点调查的附信中提到，"有必要建立一个让学术界信任的研究成果数据库"。然而，显而易见，大学拨款委员会最近的行为已经让学术界大大丧失了这种信任。重获信任的一种方法是放弃使用商界术语，而重新启用契合大学本质的语言，这种语言所包含的范畴和概念，无不透露出对学术社区所开展的各项活动的充分理解。大学拨款委员会需承受"通敌主义"①的指控，直到它承认这一事实为止。

---

① 法语原文为 Pétainisme，指纳粹德国占领法国期间（1940—1944），法国元首菲利普·贝当及维希政权的支持者的意识形态，或与纳粹德国勾结、通敌的政策方针。

7

与企业类比[①]

1

我在知识和人力资源行业工作。我的公司专门生产两类产品:一是高质量、多技能的人才,二是与商业相关的前沿知识,以方便读者使用的方式将印刷材料包装起来。我担任中层管理职位,向部门主管负责,而部门主管则直接向总裁汇报工作。在过去的二十年里,我们一直在增加这两种产品的产量;与此同时,我们通过每年提高1‰的功效来努力降低成本。我们参与全球市场竞争,我们的品牌知名度很高。我司的名称是"高等教育公共有限公司"(HiEdBiz plc),座右铭是"以最

---

① 本章的前三节基于 2000 年 2 月和 3 月我在 BBC 第三台所做的两次演说。——
作者注

低的价格，提供世界一流产品"。

我来换一种说法。我是一名大学老师。我教学，我写作。我是学者共同体的一员，这个群体在过去基本是自治的。我们现在仍然轮流充任本校行政管理者的角色；原则上，我们都是大学管理机构的成员，在这个机构中有发言权，并从我们这些成员中选出一些代表，担任大学执行委员会的委员。在过去的二十年里，我们的教学强度和写作质量有所下降，因为现如今，我们没有时间来好好地做这两件事。我在一所英国大学教书。我们没有校训。

至少，除了徽章上铸刻的那一两个拉丁词，我们以前没有校训。不过，我们现在有一个"使命宣言"。"使命"（mission）另有一层传教布道的含义，故而你可能以为"使命宣言"是让异教徒皈依真正宗教的义务宣言。但它并非如此。很难说清它究竟是什么。它介于词典对"大学"一词的扩展定义和高档健身俱乐部的广告小册子之间，是两者的混合体。我所在的大学的"使命宣言"，出现在用亮光纸印刷的年度报告中。除了每年出版的年度报告，我的大学还出版《剑桥大学校友杂志》，其中包含许多年度报告中的信息，但目标读者是校友。如果来自火星的游客试图弄清楚大学是什么地方，仅从这些出版物里大量吸人眼球的图片上看，火星人很可能会得出结论，说那里主要有两种人：一种是头发灰白的人（大多是男人），他们花大量的时间盯着显微镜；一种是相对年轻的人（大多是女性），她们的时间主要用于在酒吧喝酒、倾听头发灰白的男人讲话，以及在一艘窄得出奇的长船上，用一只大桨划船。这个地方的建筑千篇一律，看起来都像教堂或城堡，个别建筑看起来像机场酒店。图片旁边的配文最常用的词是"卓越"，特别是"国际卓越"。这些出版物里插入的广告活页，看起来像一张会员表。如果你同意每年向这个地方支付一定数额的钱，那么作为回报，你周末也可以去听一个头发灰白的男人讲话，然后和很多其他成员在城堡里一起共进晚餐。

毫不奇怪，人们对大学的定义及宗旨有诸多困惑。首先，智力活动本身的性质难以描述和界定；再者，我们称之为大学的机构，开展五花八门的活动，这些活动可以归入教育、科研、职业培训等类目。但如今，引起混淆的一个主要原因，在于大学和商业公司之间的误导性类比。我们如此习惯于在两者之间进行对比，以至于几乎对这一行为视而不见，也不大留意人们在谈论高等教育时所使用的词语中，有多少实际上是从商业世界移植过来的。事实上，外界经常要求我们"衡量生产力"，证明我们教学的"附加值"，阐明我们行政部门"由上而下的管理结构"，量化我们的"公共产出"，加速我们的"学生吞吐量"，提高我们的"品牌认知度"。诸如此类的要求还有很多，其中尤为显著的是，人们越来越要求大学以狭隘的财务或商业"效率"观念运作，因为它等同于降低成本、提高产量。

类比总是一种暗藏危险的修辞手法。正如英国浪漫主义诗人柯勒律治所云，"类比从来不会完全对等"。[1]换句话说，类比阐明了两个事物之间未被注意到的相似性，但同时遮盖了两者的真正差异。类比论证，或类比推论，被《牛津英语词典》定义为"一个基于这样一个假设的推理过程，即如果事物具有一些相似的属性，那么它们的其他属性也会相似"。大学和公司都有年度预算，因此两个组织是相似的（此为前提）；那么既然公司有可衡量的年产出，想必大学也像公司那样，也有可衡量的年产出（此为结论）。这个前提为真，结论却为假。

把大学当作企业来对待的一个所谓好处是，大学的效率可以被衡量、被提高。众所周知，大学曾经游荡着游手好闲、无所事事的老师，以及同样游手好闲、找不到工作的学生，但现如今的大学已经变得至精至简，旨在通过生产力的提高来满足国家需求。面对这种自欺欺人、妄自尊大的胡话，需要说明的一点是，在几个重要方面，大学现在的效率比20年前的效率要**低**，那时候人们尚未郑重其事地将之与商业进行类比。毕竟，智性活动中两个最重要的效率来源是自愿合作和个人自治，而这些官僚体制恰恰给不了多少空间。当然，相比二三十年前的学人，我们如今能更全面地描述和汇报自己的工作，但这可能产生的意外结果是，我们更专注于做那些可以描述、可以汇报的事情。人们能更好地对其所从事的工作做出解释说明，未必意味着他们的工作更有效率——两者并非互为因果。

就"问责制"（accountability）和"生产力"所展开的讨论，引来了如何使大学的运作更"高效"的进一步设想。其一是强调监控，确保没有人偷懒；其二是"奖励金"制度，让人们相互竞争。毫无疑问，大多数组织都不乏滥竽充数之人，但我不得不说，就我在大学的工作经历中，懒惰并不是主要问题。那些选择继续做研究的人，往往是天生的学术痴迷者，他们会因为担心昨天写的一段文字是否不妥而早早起床，会因为周末去实验室监测实验或去办公室核查文章脚注而冷落自己的伴侣和家人。实际上，一套旨在确保人们不会**过劳**的监控系统，才可能有助于提高所谓的"效率"。类似地，那种认为鼓励同事之间为了蝇头小利而展开竞争是刺激智性活动的最佳方式的人，暴露出其对创造性工作的无知。与人合作，大家对所做之事有着同样的承诺、分享同样的热情，往往会产生巨大成效——任何与学者有过深入接触的人都知道，就个人而言，智识上的虚荣心是比金钱更强大的工作动力。

我在这里讲的东西是针对大学的有感而发，但其中一些内容触及了广义上的人类动机模式的问题。假如你是一个奴隶主，正驱赶着一群正在劳作的奴隶，你最关心的问题是如何防止奴隶偷懒。效率意味着让他们使劲干活。你的奴隶只想避免鞭打，除此以外没有任何工作动力。当然，你也可以试着提供激励措施，从定量的食物中拿出较大的份额，奖赏给最卖力的奴隶，而其他奴隶得到较少乃至分不到食物，但你可能会发现，作为苦力的奴隶们开始自相残杀，有的会因此而英年早逝。所以，鞭子下的持续监视是让他们坚持干活的唯一方法。试想另外一种情况。假如你有一群朋友，你们在当地的村庄礼堂里写作、制作、表演一出戏，这个时候则需要运用与前面提出的两种设想完全相反的原则。你们需要竭尽所能地激发彼此的创造力、合作精神和责任感。以牺牲他人为代价来奖励某些人，只会适得其反；同样，当地议会对你们的工作进行监控，每晚都派人来探查你们的声音制作效果和角色扮演技能，也起不到什么作用。

　　显然，大学不符合上述的"监控"模式和"奖励"模式。非要比较一番的话，后者比前者在某些方面更接近大学的运作原则。思想的自由驰骋是学术活动的核心，最好不要用威胁的方式去激发思想。你可以对别人说："这是一个你擅长的有趣又困难的问题，所以慢慢来，如果我能帮上什么忙的话，请告诉我。"你也可以说："要去创新，否则我会把你打得屁滚尿流。"很显然，前者更有可能激励别人做出富有成效的工作。

　　部分问题在于，我们如今生活于其中的公共文化，执着于不惜一切代价消灭游手好闲之人,如人们常说的那样,这个社会不容许寄生虫花着"纳税人的钱"混迹于世。由是观之,"效率"就在于揪出这些寄生虫,并确保任何得到报酬的人都在做合同规定的工作。这听起来似乎合情合理,但其危险之处在于,它树了一个错误的对立面。于是,我们很快就会陷入这样的境地:要么我们有一个衡量生产力的健全的公共问责制度,要么我们有一个牢骚满腹、自我放纵的利益集团在挥霍公共资金。我们所需要的,是一种比这种机械的"物有所值"模式更智能的"效率"观念。我们必须明白,"效率"意味着一套如何最好地激发和协调人类能量的安排,而它必定因活动的不同而不同、因组织的不同而不同,切不可一概而论。

除此以外,我们还需要找到一套公共语言,来描述和证明我们的工作价值。前几天,我阅读了艺术与人文研究委员会出版的一本刊物(该委员会后来成为一个完整的研究理事会,即艺术与人文研究理事会;与自然科学研究理事会的宗旨大致相仿,设立该机构的目的是资助人文学科的高深研究)。这份文件的第一页宣称,支持人文学科的研究至关重要,因为这类研究直接影响到旅游和遗产"产业",而这些产业每年给国家带来数百万美元的收入。当然,这是一个狡黠而务实的理由,是为了说服政客们花钱而提出的必要理据,毕竟政客们需要时时猜测如恶魔一样暴躁的纳税人的可能反应。据我所知,某部长向财政大臣解释其年度预算的理由之时,确实采用了这些理据:"你必须晓得,财政大臣,大学可不只是在烧钱。大学……呃……大学……嗯……大学让我们在经济上保持竞争力,并且还能吸引大量游客哩。""哦,那好吧,大学国务大臣,给你钱。"

但是,如果花钱的唯一可接受的理由是它有助于赚更多的钱,那么我们的公共话语显然缺乏某样东西。为了弥补这一匮乏,我们需要从别处着手。

2

大多数重要的人类活动都是"工具"用处(instrumental goods)和"内在"用处(intrinsic goods)的混合体。换言之,这些人类活动之所以对我们有价值,一方面是因为它们能使我们去做别的事情,另一方面是因为它们本身即目的。当然,人类活动的"工具性"和"内在性"并不总是那么泾渭分明,但就目前的讨论而言,这一区分很好地指向了两种不同的语言风格,有助于我们解释大学所开展的活动的正当性。如果我们的公共话语只能容纳工具用处这一观念,那么我们不仅难以证明内在用处的价值,甚至会误将两者等量齐观。长远来看,这显然会造成事与愿违的危险结果。毕竟，每一个工具推理链都必须在某个地方停止，而停止之时，便再没有进一步的工具性答案来回应"那能带来什么好处？"这个问题。

超过一定水平的读写能力、计算能力之后，教育就成了一种内在用处的占比相对较高的活动。如果我们说某项活动的目标是"使人类蓬勃发展并发挥其能力"，那么继续追问"好吧，但这又能带来什么好处呢？"这样的问题就没有太大意义。当然，**哲学家**大可继续追问这样的问题，因为根据其定义，哲学作为一种探究形式，它思考所有问题，没有任何问题会被视为不恰当而不予考虑。然而，与哲学不同，一般性的政治和文化辩论，必须将某些范畴视为理所当然，某些具有内在价值的事物就属于这类范畴。但我们已经对"内在用处"的说法感到不适或怀疑，于是我们倾向于认为，我们要是能接着说"这些活动是有价值的，因为它们提高了我们的经济竞争力"，那么我们的理由就更充分、论证就更可信。可是这样一来，我们不知不觉地再次陷入蜿蜒曲折的工具推理链的深渊。

在这方面，商业事务与大学不同，前者几乎完全是工具性的。资本回报率是其支配性标准，且理应如此。如果旺德小装置股份有限公司的董事长向股东们报告说，"真遗憾，今年的亏损如此之多，但真正重要的是，所有员工都完全沉浸在阅读尼采之中"，那么可想而知，他很快就会成为前董事长。此外，企业的目标是量化的，因此是可以准确衡量的。你可以设置一个目标，每天生产的小部件的数量是多少，成本是多少，然后计算一下目标是否达成。然而，对于大学而言，大多数重要目标都无法被量化，也就无法被准确衡量——如我所说，大学需要的乃是评判。

对有些人来说，评判可能是一个难以接受的观念。我们如今倾向于高度怀疑评判这一观念，唯恐它轻而易举地掩盖偏见、势利乃至偏袒。相比之下，我们信任计量，因为它看似是公开的、客观的，甚至是民主的。但问题是，如我已经强调过的，不是所有重要的东西都可以被计量。有时候，我们只能仰赖那些有评判能力的人，通过他们长期以来对某一事物形成的看法，来了解它在同类事物中的高低优劣。

以"苏格拉底是一位重要的哲学家吗？"这个不太有争议的问题为例。我不相信普通的古雅典纳税人有能力回答这个问题。假如为了确保他们的货币（德拉克马）不会白白浪费在一个平庸的三流哲学家身上，古雅典人设立了一个研究评估程序，类似于这个国家的大学如今所采用的评估程序，那么可想而知，可怜的老苏格拉底一定会被归为"研究不活跃"这一档。请注意，撇开偶尔的性骚扰指控不谈，他的确是一位好老师，但没有可计量的证据证明他是一位好哲学家，因为他从来没有抽出时间拿起芦苇笔，笔耕不辍地在莎草纸上写文章。

所以,无论苏格拉底是不是西方哲学的奠基人,在这样的考核机制面前,他都会被提前退休——现实中,他的确提前"退休"了。

事实上,古雅典人谈论的是"公民"而不是"纳税人",这样的称谓有助于造就更好的讨论基础。另外,他们也不太可能犯当代人常犯的错误,即混淆"问责"与"判断"。外部审查程序能够查明,分配给研究的资金到底被用于研究,还是被相关部门挥霍一空——先是组织员工去欧洲迪士尼乐园游玩,然后在巴黎的一家餐厅大快朵颐。这样的审查过程,即为问责制。但是,这种外部审查程序,并不能真正确定该部门的员工是否在进行有价值的思考。长远来看,这个问题的答案将取决于,同一研究领域的人在多大程度上受到这些思想的重大影响和启发。与此同时,任命和晋升委员会必须支持明智的专家判断,即某个人是——或有可能成为——学术界有价值的、成果丰硕的一员,然后允许他继续做下去。基于这一点,我肯定会给苏格拉底一份工作,尽管我不太敢对他进行工作面试。

我正在讨论的类比还存在另一个问题,即生产相似产品的企业必然相互竞争,大学之间却并非如此。事实上,学术本质上是一种**合作性**事业。我前段时间收到另一所大学的一位年轻学者的来信时,才意识到这一点。她对我发表的文章做了回应,并且非常巧妙地将我提出的范畴迁移至全然不同的材料体系中。她问我这个想法是否奏效,以及我能否告诉她在哪里可以找到进一步的证据等。我认为她的想法很可能奏效,于是我尽我所能给她提供了一点帮助。但这么做,就意味着我投进了乌龙球吗?如果她像我所希望的那样,果真把这个点子写出来了,最终以文章的形式发表,或以专著的形式出版,我是否在帮助竞争对手——她所在的大学——在获得更好的"评级"方面起到了些微作用?而假如我在一家广告公司工作,我敢打赌,我绝无可能把我的好点子透露给竞争对手公司的员工。我要说的是:大学实际上并不是竞争性公司,因为它们压根就不是"公司"。

这样,我们又回到了前文提及的"使命宣言"。很明显,这本光鲜亮丽的小册子是以公司年度报告为范本,上面有董事长虔诚的废话,有显示利润增长的图表,以及显示公司的有害产品其实多么环保的照片。但事实是,这种模式的报告并不符合我所称的"内在"活动或目的为自身的活动,因为你无法"汇报"思想被拓宽的方式或思想的质地。

试想一下,中世纪的修道院也有这样一本小册子,里面列出了修道院的"使命宣言"。毫无疑问,小册子上会有一个条形图,显示每年被祈祷的灵魂数量在不断增长,还有一个条形图显示教友捐给教会的什一税的数额在不断下降;也许会有一张圣徒般的老僧侣煞费苦心地用泥金装饰手抄本的图片，也少不了年轻僧侣快乐地种植蔬菜和酿造啤酒的图片；里面当然还会有修道院院长关于工作效率所做的说明，解释该院通过早一点开始晨祷、晚一点结束晚祷而实现了效率增长。可是，所有这些难道不会让你产生一丁点的疑虑，即关于修道院的一些相当重要的品质在这里被忽略、被歪曲了吗？我想，用不了多久，那个热衷于提高效率的修道院院长就会被猎头挖走，去管理"精神质量保障局"（想必这可以当作该国宗教裁判所的官方名称）。这么一想，也许**某些**类比没有我们想象的那么具有误导性，而是十分贴切呢。

3

从技能的角度论证大学教育的合理性，也会产生类似的问题。我想起不久前听到时任英国高等教育质量保障局局长的一段发人深省的评论。他谈论的是所谓"无用"的人文学科的价值，他认为大学里的人非常不擅长做必要的公关工作，不懂得如何向更广泛的公众证明其研究的正当性。（我们可能会纳闷，在超过40%——很快将上升到50%——的适龄人群都接受高等教育的时代，这个持怀疑态度的"公众"到底是由哪些人群组成的呢？但这是另一个问题了。）他举例说，如果你告诉一家"伯明翰金属冲压公司"的总经理，你的毕业生修过中世纪史，他不会有兴趣雇佣他们。但如果你告诉他，你的毕业生花了三年时间磨炼一项技能，他们能够在证据不足的基础上得出有利的结论，那么这位总经理就会对毕业生们刮目相看了。

听到这句话，我的第一反应是，我高估了顶尖实业家的智商。一方面，他们中的许多人似乎把业余时间花在阅读历史书上，因此对中世纪历史所涉及的内容已有深入了解。更重要的是，如果他们对自己的工作还算胜任的话，我无法想象他们会被这样一套易识破的重新包装所欺骗。当然，古典学专业的毕业生可以对电脑制造商说，自己其实并没有把那么多的时间花在学习拉丁语诗歌上，而是花在了"以随机排序的噪声单位分析意义的经济编码"上。如此本末倒置，在质量保障局官员的发言上体现得更为淋漓尽致。我们的质保局发言人，从雇主可能需要的人才的能力特征开始逆向推导，然后试图用这种特征来为大学所开展的活动进行辩护，但实际上，这项活动的开展并非是为了培养雇主所需的那种能力，而是别有原因。

毫无疑问，还有其他方式来回应这个案例。首先，一个颇为激进的回应方式是，试图说服伯明翰实业家雇用这位中世纪史专业的毕业生，根本就是个错误。这位毕业生可能不是公司想要的那种员工，公司可能也不能提供他想要的那种工作。他一开始选择学习中世纪史，就已经释放了某种信号，暗示他有一种不同的偏好倾向，这种倾向可能会使他在这家企业显得格格不入。其次，如果这些确实是公司想要的"技能"，那么大学生从一开始就通过处理相关类型的问题来拓展这些技能，岂不是更有效？如何确定一个新产品的市场需求，与如何从 13 世纪的庄园记录中重建农业实践的历史，可能确实存在共通之处，但这似乎是一条无比迂回的路线。相比之下，商学院通过模拟案例研究方法，显然能为学生以后做出这样的管理决策打下更为扎实的基础，为学生的职场技能做好准备。因此，基于这些理由，这位伯明翰实业家竟然更愿意雇佣中世纪史专业的毕业生，有点匪夷所思。

事实上，至少在英国，雇主们热衷于招聘文科毕业生，主要原因与"技能"毫不相关，而是他们知道，许多最聪明的学生最终选择学习人文学科。对于不少聪明的十八岁青年人来说，历史系或英文系的课程比市场营销或制造业方面的课程更有趣，雇主也知道，花三年时间与其他聪明人一起学习那些真正有趣且有挑战性的东西，当然不会拉低这些学生的天生智力。这就是为什么在英国，雇主愿意招聘头部高校的文科毕业生的主要原因——从这些毕业生中，他们很有可能网罗到任何组织都需要的那种聪明活泼又有创造力的人才。雇主也知道，这些毕业生可能会以非常广阔的视角来看待问题，长远来看，这将比任何专业技能对企业的发展更具价值。

当然，与同类机构的发言人一样，质量保障局局长至少在含蓄地回应一个问题：为何整个社会应该资助大学，乃至为其完全买单？他给出的答案近似于，大学教育使学生能在毕业之时胜任某家制造公司的工作。可是，若要稍微激进一点的话，我们会问，为何帮助学生满足职场需求，就该自动算作社会资助大学的正当理由？为什么社会应该付钱培训雇主未来的劳动力？为什么仅仅因为一个实业家通过计算得出，一个受过如此教育的毕业生能够帮助他的公司增加利润，就认为把钱花在大学生的技能培训上，比花在扩展其对人类历史的理解上更值当？毕竟我们同样可以说，既然这两种活动所涉及的"技能"如此相似，那我们当然应该资助十八岁的年轻人在伯明翰的金属冲压公司工作三年，以便他们日后成为更好的中世纪史方面的学家。我的观点首先是，两种活动之间的差异，无法从获得"技能"的角度来给予最佳描述；其次，大学所从事的活动的正当性，不应来自特定类型的雇主所需的技能。

这是在解释和论证大学的功用，尤其是大学中的人文学科的功用时，所遇到的一部分问题。近年来，我和同事们填写过几次调查问卷,冗长的问卷要求我们逐项列出学生通过修习英国文学或历史或类似科目而获得的"可迁移技能"。我们刚开始一头雾水,不清楚需要什么样的答案,后来才知道(我们得到了一张有用的参考答案),我们应该填写"分析问题的各个组成部分的能力"、"将大量驳杂的信息按照便于理解的顺序分门别类地整理的能力"之类的表达。不得不说,在我看来,这好比在成为运动员的过程中,人们要学习诸如"吸收充足的氧气以增进心肺功能的能力",甚至"迅速将一只脚放在另一只脚前面的能力"。这样的表述风格令人不适,使人想起莫里哀所讽刺的那种空洞的重新描述风格,在这种描述中,鸦片所导致的昏睡被解释为它的"催眠性能"。

在这样的语境下,空谈技能意味着缺乏胆识。人们力图用技能来证明一种活动的正当性时,没有使用符合活动本身的内在逻辑的贴切语言,而是使用一套完全外在于活动本身的范畴,这些范畴并非生发于活动本身,而是移植自工商业的工具世界。将以下三个陈述放在一起,足以说明这个错误的普遍性:

1."我决定生孩子,因为明天的经济将需要一支适应性强的劳动力队伍。"

2."我喜欢去湖区散步,因为这可以促进国内旅游业的发展,进而提高国内收入总值。"

3."学生阅读伟大的文学作品是好事,因为他们由此获得了管理部件制造公司所需的技能。"

文学通常在这类论点的工具性时刻华丽登场,进入了"现实世界"这一虚构之地。作为人类想象出来的怪物,这个所谓的"现实世界"其实是不切实际的幻想世界,与你我所实际生活的世界全然不同。在我们熟悉的现实世界中,不同的人做着各种不同的事情——有时从工作中获得乐趣,有时表达自己的审美观点,有时坠入爱河,有时告诉自己即便身处困境也要乐观面对,有时困惑于人生的意义,等等。但是,这个被称为"现实世界"的虚构实体只居住着面目狰狞的机器人,他们一心一意地致力赚钱。他们工作至死。实际上,我读过的关于"现实世界"的不实叙述,似乎从未提及死亡,也许是因为他们担心,如果提及死亡,可能会导致机器人停止工作,转而开始表达自己,开始坠入爱河,开始思考人生的意义;一旦发生这种情况,"现实世界"看起来就不再有何特别之处了,而与我们习以为常的普通旧世界没什么两样。就我个人而言,我从来没有认真对待过这个所谓的"现实世界"。它显然是与世隔绝的商人们的假想之物,他们生活在象牙工厂里,那些对我们普通人来说至关重要的事情,于他们却毫不相干。他们真应该多出去走走,看看商业以外的广阔世界。

不言而喻,有人愿意研究中世纪历史,除了考虑未来的就业前景,主要原因是它本质上非常有趣。在这个例子中,中世纪历史也恰好是我们社会过去的一部分。想象一个对自己的过去不感兴趣的社会,就好比想象一个没有记忆的人。这指出了以技能为动机的另一个怪诞之处:这有点像记忆力训练,人们最后空有技巧,却没有任何可以用来回忆的过去。理解力并不是机械的,它需要对新材料进行反思,探究新材料是否与自己的原有范畴、已有经验相适配。反思不仅仅是一项"技能",乃至根本就不是"技能"。

无论在哪种层面上,"可迁移的技能"永远只能是出色工作的副产品,而不是它的目标。再说一遍,如果我们把可迁移技能的培养当成学科训练的宗旨,那么别人很可能驳斥说,肯定有比通过破译 13 世纪的庄园记录,或探究 19 世纪诗人杰拉德·曼利·霍普金斯(Gerald Manley Hopkins)诗歌中的格律,更为直接和可靠的方法来培养这样的技能。如果我们的宗旨是教人如何高效地为他们的销售团队撰写备忘录,那么教授学生破译 13 世纪的庄园记录,或掌握 19 世纪诗人杰拉德·曼利·霍普金斯诗歌中的格律,就显得莫名其妙。每年有成千上万的学生申请入读大学的人文学科,大体说来,这些学生并不是因为能从这些学科中学到可迁移的技能而被说服选择人文专业的，他们中的大多数人觉得自己曾经读过的人文方面的东西很有趣，且有趣的方式与生活中其他领域的趣事一脉相承。这里，蒙田或许是一个范例，他有句名言（效仿苏格拉底）："学习哲学就是学习如何面对死亡。"[2]我们若将其改写为"学习哲学就是培养与死亡相关的可转移技能"，这当然无法增强他的论证效果。

4

即使说了这么多，我有时仍然觉得很难解释我何以为生。我当然可以自如地使用通行的说法，言称自己是一名学者，主要从事文学和历史领域的教学和写作工作。然而，对于真诚探寻我的职业本质的提问者来说，此番解释并不能真正说明我实际上**做**了什么，对于狡猾的轻蔑者来说尤其如此。为了充分地回答这个问题，我可能需要转换至不同的语体风格。

这一困难早在多年前我就已经深有体会，当时我所在的大学①有一位新校长上任，学校决定让他到学校的各个部门进行一系列走访，实地看一下员工代表们正在开展的各种活动。

---

① 即萨塞克斯大学，作者从耶鲁大学获得硕士学位后入职该校，并于 1986 年调入剑桥大学。

他在实验室里转悠,在实践课徘徊,去旁听讲座,等等,然后有人建议这位校长——一名杰出的物理学家——应该去人文学系的办公室拜访一两位事先选定的成员。我是其中的一位,并被告知校长到达时,希望我"正在忙于我的研究"。可想而知,我冥思苦想,思考哪种生动的场面最能代表我所从事的科研活动:我是应该修改我最新出版物的校样,还是应该和一位同事讨论令人兴奋的新"发现",或是填写一份大型资助项目的申请书?我终于意识到,如果我要描绘"人文学科研究"的典型场景,那么很明显,我应该独自坐着看书。人文学术的标志性人物不是讲台上的教授,也不是盯着文字处理器的准作者,更不是研究团队中收集"数据"并发表"结果"的白衣成员;而应该是一个独坐冷板凳埋头苦读的人。那天的实际情况是,这位新校长迟到了,当他抵达我的办公室时,宁静祥和的智识生活画面消失了,取而代之的是一个紧张不安的年轻讲师,他不停地咬着铅笔头,懊悔自己竟然忘记把布告板上那张略不雅的明信片拿下来,那是一个同事去年夏天邮寄给他的,明信片上写满了对大学行政的不敬言论。但也许,这样的我,比那令人难以置信的柏拉图式的我更真实、更具代表性。不承想,校长反而比我还紧张,我问了他一个无伤大雅的问题,问他为什么会当校长,好似我们正在进行招生面试。

随着年龄的增长和职级的提高,我的时间越来越多地投入到"行政"或"职业贡献"这类活动中。这些任务既非教学,也不是研究。相比教研活动,这类行政活动更容易对我如何度过一天的问题给出一个容易理解的答案:我主持各种委员会的会议、起草报告、审阅工作申请或经费申请等,这些都不是什么特别深奥难懂的活动。在有些同事看来,这些行政任务只是令人厌倦的、毫无必要的干扰,让人无法从事"真正的"研究工作。然而我并不赞成这样的看法。正如本书一直试图论证的那样,大学是维护智识探索、扩展智识边界、传播智识成果的组织,大学所从事的活动必然是一项集体事业,不仅超越了个别学者的需求或利益,也超越了当代人的需求或利益。这项事业要求那些长久栖居于学术共和国中的公民积极参与,积极履行公民义务。除了学术公民自己,没有人能对其行为指手画脚,譬如应该任命谁来做某项工作,教学大纲中应该列出哪些教学内容,或哪部作品对其领域做出重要贡献等,都要由他们自行判断。这些义务是大学教师和独立学者在职责上的一个关键区别。大学教师有义务把智识遗产和制度遗产传给他们的继任者,使后者能够在人类已经达到的最高水平上进行研究。需要维护和改进的,是学术和科学的整个结构或质地,这种无形之物可不只是用当下的官僚语言所称为的"基础设施"。如果完全从行政和基础设施的角度来描述我所

"做"之事,就难免遗漏其中的核心部分。于是我又回到充分描述智识探索的经验及其困难的议题上。下面就我最感兴趣的文学和历史学领域,谈一下如何恰如其分地描述智识探索的经验。

几年前,我曾陷入另一种难堪的境地。我的新书《世无文人:英国知识分子论》(*Absent Minds*:*Intellectuals in Britain*)于 2006 年即将付梓之时,我被校友杂志上的专栏"剑桥大学教师日记"约稿。于是,我回顾了前几期为该专栏撰写的文章。像往常一样,同事们取得的成就令我印象深刻,也令我诚惶诚恐:这种类型的文章似乎容易诱发自吹自擂,有些同事也并不羞于自我推销。无论如何,我心神不安,不仅因为我没能在他们欢快乐观、精力充沛的叙述中找到自我认同,而且因为学者或科学家的基本活动,即思考和写作这一核心要务,根本没有得到描述。与此同时,我很清楚,已出版的学术著作往往包含一种精心的掩饰:它提供的论点和证据都是用来支持作者的主张的,它并不呈现作者达到这种立场的偶然、间接的论证过程,也不呈现这一立场何以融入作者的其他活动。所以,当轮到我写稿的时候,我决定让读者稍微了解一下,人文学科学者的工作周到底是怎样度过的。以下就是这一尝试的成果。

剑桥大学教师日记（Don's Diary）

描述人文学术的独特性并不容易。"日记"体中最诚实的记录可能是这样的："今天起得比昨天还早；重读昨天写的东西，删除了大部分内容；绝望；突然明白了我想说的是什么；最后敲出几句看起来还不错的句子；欢呼庆祝。"这已经算是一个相当成功的晨间"研究"了（至少在第二天早上读到这些句子之前是这样）。当然，这条记录可以用截然不同的语体风格来表达，着重强调人文学科的研究加深了人们对某些最深刻的人类经验的理解、增强了我们描述的清晰度和准确性，等等。但这些长期目标不可能一蹴而就，要等很久才可以变为现实，即便目标达成也很少能造就轰动性的"新闻"。这有助于解释，为什么我们经常对那些大学赞助的出版物略有偏见。这类出版物声称向学界之外的广阔世界描述大学里的活动，而实际上不是公布各类"资助计划"，就是刊载一些满是关于科学家同事们的"合作项目"或"令人兴奋的新发现"的报道文章。人文学科则不太会以同样的方式成为新闻焦点，譬如"剑桥大学的学者终于完成了章节草稿"，作为标题就不太合适。

我们当然一直与人合作，只是我们的大部分合作者都已作古。还有一些健在的学者，我们虽然未曾谋面，但其作品往往在出版后的很长一段时间里,仍能激发、滋养我们的思想(这也是为什么,于我们人文学者而言,一个藏书丰富的图书馆相当于最先进的实验室)。从某种意义上说,我们确实会有新发现,只不过这些发现通常呈现为看待某一主题的全新视角,或把以前没有联系在一起的内容联系起来,而不是真的发现了什么迄今无人知晓的东西。

今天是我的新书《世无文人:英国知识分子论》的出版之日,我不由思绪万千。在漫长的写作岁月中,我是凭借这样的信念挺过来的:这本书以一种相对较新的、富有启发性的方式处理了一个相当重要的主题。然而在不顺利的日子里,我信念全无,无以为继。有人把新书出版日称为令人扫兴的反高潮,但考虑到著书立说的艰辛,这种说法过分夸大了写书过程带来的兴奋感。所谓"出版",通常似乎是指出版商的存货记录在那一天显示,新书现已被存放在乡村深处的仓库中,所以如果有人偶遇作者的母亲,恰好从她口中得知这本书的存在,他(理论上)可以订购一本,仅仅四到六周内即可寄达。

然而,这次的情况全然不同,一则本书的主题必然会引起大众媒体的轻度好奇,二则牛津大学出版社在前期宣传方面做得很好。这带来了喜忧参半的结果……

我来到英国广播公司的广播大厦,参加第三电台的新书讨论节目。"什么是知识分子……?""所以,你真正想说的是……""嗯,恐怕我们只能到此为止了……"啊啊啊啊……

我来到英国皇家艺术学会演讲,并就新书回答问题。"那么,何谓知识分子?""所以,你真正想说的是……""你最想和哪位名人讨论这个话题……"(我脱口而出的名字是"蒂埃里·亨利"[1],然后懊悔自己应该提名"朱丽叶·史蒂文森"[2],最后意识到这样的问答实在愚蠢至极。)

我来到报刊亭买一份周报(希望不要被人看到),因为有人告诉我上面刊登了一篇我的新书书评。读罢书评,我意识到,猎杀剑桥大学教师的行动开始了。哎,真不该买来添堵。我来转述一下书评的大意:"自命不凡的学者用又臭又长、废话连篇的大部头毁掉了我的周末;言归正传,你听过那个关于知识分子的笑话吗,一位爱尔兰

---

[1] 蒂埃里·亨利(Thierry Henry,1977—),已退役的法国职业足球运动员,司职前锋。

[2] 朱丽叶·史蒂文森(Juliet Stevenson,1956—),英国演员,毕业于皇家戏剧艺术学院,曾参演众多舞台剧和影视剧。

的文人……"

我回到家里,舔舐伤口。用大家都懂的道理安慰自己:真正要紧的不是作品所获得的即时反应,而是它能否持续激发读者的思考,乃至帮助读者改进他们自己正在撰写的书。若果真出现这种理想结果,我们值得上一次新闻头条,标题为"剑桥学者的作品被一本晦涩难懂的专著引用,出现在后者的脚注里",其阵势要与科学家同行们对其科学"新发现"的大肆宣传旗鼓相当。够轰动吧。

我来参加教师委员会的会议,与会者被告知,大学希望我们通过科研来多多"创收"。我压住脾气没发火,审慎而明智地表达出我的疑虑。这真够让人无语的!在我的领域里,高质量的研究在很大程度上取决于享有不受外界干扰的时间(以及前面提到的藏书丰富的图书馆)。定期的学术休假也尤为关键,它不是你"完成"一个"项目"的时间,而是允许你开始思考一个有新意的问题,然后突然有一天,你能讲出其趣味和奥妙的富余空间。资助和类似的"外部收入",它们的初衷是支付研究过程中自然产生的费用,所以当我们被要求去**争取**"外界的资助"时,就等于被命令:"你必须找到新办法来承担额外的开销"。这是主次颠倒的又一则实例。

不幸的是，我现在的大部分时间似乎都花在了如何支持别人做研究的讨论会议上，而不是花在做我自己的研究上。譬如，我到伦敦主持英国学术院的现代文学分会的会议，工作内容包括博士后研究员职位的授予、科研经费的拨发、各种政策的制定等。学术事业基本是靠义务劳动来维系的，审计文化却日益支配着大学的运作，其愚蠢之处在于，它将清算这笔巨额的善意资金，将学者付出的艰辛义务劳动背后的善意一笔勾销。"我担任委员会主席的酬金为两千英镑起，外加渎职保险费……"

我去特兰平顿街的皮特大楼，参加剑桥大学出版集团的会议（学期中，隔周星期五的下午召开）。光捧着两大卷厚厚的议程文件，就能让上半身得到很好的锻炼。和往常一样，我对许多审阅人的敬业精神印象深刻，他们在出版社考虑出版的书稿上投入了大量的时间和精力，撰写了详细的审读报告。事实上，这些书稿的作者从其所在学科的一些顶尖的权威学者那里得到了额外指导；他们常常发现，审阅人针对其书稿的结构和论点提出了批评和建议，不仅写了三四页详尽而缜密的审读报告，并且在下面留下一行简短注释:请参考随附的 8 页详细审读意见。为什么赫赫有名又异常忙碌的学者,愿意不辞辛劳地从事这项几乎没有报酬、通常是匿名的苦差事? 也许是出于对该学科怀有的热忱和使命感,以及对公认的智识标准的承诺。也许是因为过去别人为我们做了同样的事情,现在该轮到我们奉献了。

星期六的早上用来除草(即回复电子邮件)、写推荐信,并草拟周四会议的会议纪要。接下来的任务是向某聘任委员会(我是其校外成员之一)要一份关于其内部运行情况的报告,索要的名义是"问责制"这一不当观念,其实这份文件纯属多余。我感到自己像是一家资金不足的公司里一位疲惫不堪、工作过度的中层经理,困惑于年轻时的梦想都去了哪里,智识的兴奋和文学的荣光都已离我而去。然而,当我望向窗外,瞥见邻近的一栋教学楼里两位极为杰出的学者的身影,在这个星期六的中午,在他们各自的办公室里,双手在键盘上不断挥舞。此情此景,我既感到某种集体自豪感,也感到作为个体的我何其有幸。他们就在不远处伏案工作,绞尽脑汁地撰写报告、写推荐信、写书稿审读意见等诸如此类的活计,但与此同时,令人称奇的是,他们竟然还能挤出时间来书写那种改变学术面貌的书(反正**他们**做到了)。或许,这才是真正值得上头条的新闻:"剑桥学者对工作怀着喜忧参半的矛盾情绪,但他几乎回复了所有邮件。"

8

英国高等教育公司[①]

1

我们所看到的高等教育部门，在培训人才、科学研究和技术转让方面满足了经济需求。与此同时，它还需要为所有具备一定资质的合格人士赋能，去开发他们的智识潜力和人际潜力，并提供必要的科技知识贮备，以及定义我们文明和文化的艺术与人文方面的专门知识储备。

——摘引自政府白皮书《高等教育的未来》(2003)的导言

英国的大学死气沉沉，士气低落，这几乎人尽皆知。上面

[①] 这篇文章最初写于 2003 年底，当时英国议会正在审议政府白皮书《高等教育的未来》(伦敦：皇家文书局，2003 年出版)中提出的建议。——作者注

的官方声明显然是在积极肯定英国大学的重要性，却让你感到轻微恶心。之所以有这样的不适感，不仅是因为，没有任何一所大学能够成功实现上面这段恼人的文字所塞入的所有目标，也因为此类报告让人想到政府所在的白厅里，公职人员将这些文字汇集、拼贴在一起的画面。当焦点小组的最新调查结果出炉，一位官员把所有获得好评的事项都剪下来，然后把它们粘贴在一条直线上，当积累了相当数量的词时，他便在末尾加一个句号，称之为一个句子。

本文开篇引用的段落只有两句话。第一句虽然言辞不够优美，但至少表意清晰，认为大学的主要目标是培养有赚钱能力的人才，以及提供能够变现的信息。第二句既不清晰也不优美，它似乎在说，这方面还有很多惯常被人们提及的要点，后者也都是积极正面的词，不过，拿着胶水瓶的官员忙碌一整天，累得把最后一行中动词的主语弄丢了，现在是时候加个句号结束这个句子了。

应该承认，界定何为大学，以及描述大学的职能实属不易，为大学将来所做之事定下"愿景"更是难上加难。一方面，使用常规又有用的词来谈论智识活动，本身就存在困难；另一方面，"高等教育部门"涵盖了各式各样的院校，每所院校都是历次社会理想和教育理想的复写稿。但最重要的原因是，在当代资本主义民主国家，民粹主义语言往往支配着公共讨论，这样的语言不适宜于用经济或功利主义角度之外的方式来证明公共开支的合理性，而如今的大学之所以能吸引政治和媒体关注，主要在于其支出形式存在问题、引人不满。英国议会即将对政府白皮书中的提案进行辩论，随之而来的立法，势必对英国的高等教育产生深远影响。因此，眼下是我们深思大学及其未来走向的关键时刻，我们必须做出比白皮书中松散敷衍的、预制装配式的散文更深入的思考。

诚然，我们必须实事求是地看待这份文件所属的体裁。它是一种功能性的作品，无疑是多人合作的劳动成果；它并非关于高等教育的哲学思考，也不奢求文学造诣。尽管如此，白皮书一直以来都是我们公共生活的某一领域的主要表达方式，人们理应期待这样一份重要文件的措辞反映如下事实：它已经被最优秀的政治家、公务员、政策顾问等人进行了字斟句酌的推敲。令人不安是，白皮书可能真的是这些优秀人物深思熟虑的产物，却仍然言不及义、力所不逮。于是，布满要点的白皮书成了一个征兆，它反映当代资本主义民主国家的公共语言在面对社会公益时的束手无策，因为后者既不能被量化，也不能通过市场机制得到令人满意的调配。

真不知该从何说起。当前政府最关心的议题是"受教育权"，白皮书用一整章专门讨论"公平入学"问题，也就不足为奇了。每年，媒体对大学的报道多集中于该议题，报道中不乏空洞的故事，比如一些工人阶级出身的学生，尽管取得了优异的大学入学考试成绩,却被势利的牛津大学和剑桥大学拒之门外。这些新闻报道的言外之意是,在一个公平开放的社会里,精英大学继续偏袒特权阶层的后代。

那么,为了让大家理性看待大学入学这一议题,我们不妨从下面这个相当"惊人"的事实谈起。在英国,大学入学资格几乎是唯一一项人们普遍渴求却不能花钱直接买到的社会福利。钱可以让你买到比别人更好的房子,买到更好的医疗保健,甚至可以为你的孩子买到更优质的学校教育——所有这些只不过是简单的现金交易。显然,我们的社会对此毫无愧意:国家媒体上的广告以最直白的语言阐明,只要你能负担得起优质高中的昂贵学费,你的孩子将获得各种优势,提高考试成绩也不在话下。可是,钱并不能直接为你的孩子买到一所好大学的入学名额,乃至买到任何一所大学的入学名额(私立的白金汉大学除外,它的招生模式证实,它还没有成为大多数英国学生的首选学府)。当然,在任何一个阶级分化严重的社会,优势都是自我延续的:从统计数据来看,富人的孩子比穷人的孩子上大学的机会多得多(有趣的是,父母受过良好教育的孩子,上大学的概率比富人的孩子还大)。但总的来说,真实情况与新闻饥荒期①的报纸标题所描绘的情形正好相反:钱

① 在新闻界,新闻饥荒期(silly season,又译为"新闻淡季""新闻缺乏期""无聊季节"),指没有重大政治新闻的时期,通常在夏季,这个时候报纸上往往充斥着无聊报道。

几乎可以买到一切,除了爱情和大学入学名额。

因此,整个"入学"议题需要从别的角度进行讨论。认为大学可以单方面纠正阶级分化给社会带来的影响是荒谬的。不可否认,有数据显示,专业人士阶层的孩子上大学的机会比体力劳动者的孩子大得多,这揭示了一个令人反感的现实。但这一引起公愤的实情与大学招生无关;它关涉的是社会阶层在决定人生机遇方面的作用;与死亡率相关的数据恐怕会引起更大的公愤。

人们对当代公共辩论中的诸多问题的思考,已被浅薄的"精英主义"口号所取代,针对阶级问题的严肃思考也如此,最终被"精英主义"这一指控而盖棺定论。大学招生季的新闻报道之所以能激起公愤,原因之一是,这些个案使读者相信,大学的录取似乎依据学生的口音、举止等与录取标准无关的外在因素。稍有偏爱早期统治阶级的穿衣打扮的倾向,都被斥为"不合时宜的老古董"或"精英主义"(新闻报道中通常配一张布赖兹赫德庄园①风格的图片,酷似牛津和剑桥大学生的年轻人穿着晚礼服,坐在平底船上)。令人愤怒的是,一个来自埃塞克斯或泰恩赛德的工人阶级女孩被"鄙视"了。上流社会的男性正在自我克隆,只接纳"合群"的伙伴而排斥异己者,

---

① 取自伊夫林·沃的小说《旧地重游》,该小说描写了伦敦近郊布赖兹赫德庄园一个贵族家庭的生活和命运,小说的两位主人公是牛津大学的同窗好友。

等等。

不消说,大学招生负责人的判断也有失误的时候,但上述招生过程中的系统性偏见,则纯属脑洞大开,经不起任何推敲。我寻思,采写这些报道的记者是否见过现在的招生负责人,是否了解他们(往往远离特权)的社会背景,乃至是否注意到许多招生负责人并非是男性这一基本事实。我们还会纳闷,教师们把纨绔子弟招入大学,并在未来三年教导这些学习能力较差的学生,动机何在? 在多数情况下,相比那些言过其实、急于嗅出丑闻的记者和政客们,大学教师对他们要教的学生的智识"潜力"有着真正的兴趣和更为准确的评判。无论如何,这些新闻报道大都基于一个误导性的前提,即优异的高考成绩将保证申请人进入他们首选的大学。然而事实上,顶尖大学的申请人中,拥有优异高考成绩者众,高分申请者数倍于招生名额,在这种情况下,录取就不再看入学分数了,而取决于包括思想的独立性、专业的匹配度在内的其他因素。这样的录取标准是合情合理的。政府的主要成员乐于痛斥可耻的"精英主义",坚信它一定是大学录取的判断依据——而这只能说明他们多么急于找软柿子捏,迎合民粹主义的需求。这是"现代化"的另一副面孔:我们需要清扫象征社会地位的"特权",但我们任由市场比以往任何时候都更深入地巩固真正的阶级区隔。

如此情势之下，为了不屈服于新闻报道针对"入学"的恶意攻击，政府需要出具一份格外清醒和大胆的高等教育报告，而眼前的这份白皮书还远不够"清醒和大胆"。当然，白皮书中关于"机会"和"潜力"的描述是无可指摘的，而且值得称赞的是，它的确承认这样的新闻故事可以归因至更早的时候，从学生的家庭背景和早期教育上寻找原因。然而，白皮书似乎从未领会这一承认的全部意义，因此也无从理解，为何不同社会群体的入学率受大学招生实践变化的影响微乎其微。这样的愚钝不解，在其几乎是一笔带过的如下这句评论中尤为明显："值得注意的是，来自社会经济地位较低群体的学生，在入学考试中取得优异成绩的可能性与来自家境较好的学生一样大。"虽说这句话的措辞不够精确，无法达到它所承诺的效果——家境较好的年轻人与家境较差的年轻人，取得了**同样**的分数吗？他们上的是**同一所**大学吗？——但它确实清楚地表明，入学问题与大学招生本身无关。尽管如此，白皮书还是固执己见地推行这样的招生方针：为各院校在招收"低入学率群体"方面设定"基准"，然后设定"同比增幅的改进目标"。如果招生人员发现，来自弱势群体的有"潜力"的申请者人数没能达标，那该怎么办？很遗憾，他们将无法实现预定"目标"，他们的大学也将因此拿不到相应的经费。政府的"入学监管机构"将审查各所大学是否满足了入学"契约"的内容，若未能满足，就将拒绝大学收取更高费用的权利。在咨询磋商的早期阶段,政府可能会被说服,决定放弃或修改"入学监管"这一设想。但白皮书的基本内容仍令人困惑不解。

这份文件提及的人力规划,更让人摸不着头脑。如前所述,这份文件的前提是,高等教育"需要为所有具备一定资质的合格人士赋能,去开发他们的智识潜力和人际潜力"。但究竟有多少人是满足条件的合格人士,我们又何从知晓?你可能无法回答——你的感觉是对的。但是政府偏偏可以回答。它信誓旦旦地说,到 2010 年,这个国家可能会有 50% 的适龄青年在高等教育中发展自己的智力和性格。这种结合了高度原则性和随机猜测的做法之荒谬,在几页之后用黑色圆点列出的两条要点中,变得愈加明显:

我们憧憬的大学:

● 为任何能够从大学受惠的人提供高等教育的机会。

● 为出身于所有社会阶层的18—30岁的年轻人增加入学机会,争取将这个群体的入学率提高至50%。

显然,我们有理由扩大《日内瓦公约》①的适用范围,将上

---

① 《日内瓦公约》及其附加议定书是国际人道法的核心,是旨在限制武装冲突和野蛮战争的重要国际条约。这里,作者是在讽刺这两点见解的愚蠢,谑称其所带来的危害,应该纳入此国际条约的管辖范围。

面列出的两点蠢见作为惨无人道的思想冲突而予以取缔。显而易见的事实是，"50％的高等教育入学率"是一种投机言论，选择这个数字是为了吸引选民，而不是为了深入分析这一群体的智识潜力，更不是为了表达其对大学教育本质的理解。因此，教育的扩张，大半不会在传统的大学课程框架中进行，而主要以就业为导向的职业培训形式呈现，还有些可能表现为两年制"基础学位"①的增设。这些都是国家协助提供的很好且必要的教育模式，但我们并没有合理的方法来确定多少人应该从中受益。

标题为"教与学——实现卓越"这一章，显然也表现出相似的不合逻辑。它声称，"所有"学生都有权选择"最好"的学校，"所有学生都有权享受高质量的教学"；发布关于教学质量的信息，可以使消费者做出自己的选择，进而"促进教学质量的提升"。学生需要教学质量方面的信息，正如白皮书底气十足地声称的那样，这些信息可以使他们"成为大学提供的日益多样化的教学服务的明智顾客"（纽曼主教，多希望你活在此刻！）。可是，如果某些高校的教学质量优于其他高校，那么从逻辑上讲，并不是"所有"学生都能享有前者提供的优质教学。

---

① 基础学位（foundation degree），英国教育与技能部于 2000 年推行的一种高等教育学位，介于学历文凭和职业资格之间，旨在使学生具备职业相关的技能和知识，从而满足毕业生和雇主的需求。

不过嘛，"学生的选择将极大促进教学质量的提升"，所以用不了多久，每所大学的教学质量都将是"最好的"。标准将会"很高，并持续提高"。"持续提高"到底是什么意思？这是广告商的胡言乱语，但教学不是洗衣粉。倘若有一天，每所大学都是"最好的"（绩效指标意义上的），那么选择最好的大学还算哪门子的"权利"？对于消费者的选择会"提高标准"这一轻率的假设，我们是否只能采取默许的态度——就像我们对待电视节目或铁路那样？

　　具有讽刺意味的是，白皮书对"学业评定"的评论，暴露了其自身的逻辑问题。它担心"取得一等学位和二等一级学位的学生越来越多"[①]，因此想寻找衡量学生成绩的替代方法。但这正是所有试图将量化评估（而非判断）与目标、基准、排行榜和其他市场模拟工具结合起来的做法所固有的问题。你设计了一套衡量业绩的量化系统，并根据系统得出的分数来分配奖励；你规定参与者（大学、中小学、个人）必须超过某一分数；然后，当他们不出所料地超过这一分数时，你抱怨通货贬值了，你又要另寻他法。

---

① 英国本科学位分为五个等级：一等学位（First-Class，通常要求平均成绩达到 70 分以上）、二等一级学位（Upper Second-Class，也叫 2：1 学位，通常要求平均成绩在 60—69 分）、二等二级学位（Lower Second-Class，也叫 2：2 学位，通常要求平均成绩在 50—59 分）、三等学位（Third-Class，通常需要均分达到 40—49 分）和普通学位（Ordinary Degree，即无荣誉学位）。

2

可以想见，《白皮书》中最荒唐、最愚蠢的言论，莫过于其对"科研评估考核"所做的点评。自 1986 年推行以来，科研评估考核每 5 年进行一次。白皮书宣称，该考核机制"无疑促进了过去 15 年来科研质量的整体提升"。没有什么能比这更好地诠释这一计量体系自我应验的谬误。白皮书的论断，暗含了这样一个逻辑：现在各个院系获得的评级，要比 1986 年这一体系创立时的评级要高，故而科研质量提高了；科研质量提高的时段，与科研评估考核的实施时段相对应，故而正是这一考核体系的存在"促进了……科研质量的整体提升"。实际上，人们无从了解这一时期所有英国大学的所有学科在开展研究和学术方面，是否获得了研究质量的普遍提高。我们只能说，"科研评估考核"是一种粗糙的计量方式，政府据此向大学分配资金。它的作用是鼓励学者更多、更快地发表论文，这无可争辩——然而至于它是否有利于"科研质量的提升"，就不太明确了，更不是无可争辩的。

不得不说，教育与技术部官员推行的某些政策，简直如儿戏。例如，为鼓励高校实施卓越教学政策（还有不鼓励"卓越"的教学政策吗？），一些大学院系将被指定为"卓越教学中心"，并获得各种奖励。但是（别笑），为了表彰那些接近、但还不够接近卓越标准的院系,英格兰高等教育基金委员会(HEFCE)会授予一个"推荐"称号。这个称号"让欲申请的学生明白,他们如果来这里念书,将会获得高水准的课程教学"。我们现在已经步入了酒店和餐厅指南般的世界:一些院系将在入口处挂着"HEFCE 推荐"的牌子,拟报读的学生将决定自己是否满足于"普通的地方教学"(一星级),还是更喜欢"全国的优质教学"(两星级),甚或冲一冲"国际水准的卓越教学"(三星级)。倘若有一天某个系被剥夺了梦寐以求的星级,系主任去寻死觅活也未可知。

在大学的运作中,愚蠢的伪市场逻辑频频发挥作用,其中最容易预测的一个地方,便是教师的"奖赏"问题(仿佛他们刚刚发现了失窃的宝藏或逃犯)。英格兰高等教育基金委员会已经认识到了奖励的重要性,并坚决主张,年度拨款要与具备"人力资源战略"的院校挂钩,而所谓"人力资源战略",主要是"对业绩优秀者给予奖励"。我们被告知,"这一程序成功地开启了高等教育人力资源管理的现代化。"当然,"现代化"是工党的典型新话术,此处,它与商业公司的人事部门的语言相媾和。说到底,它要表达的是,既然许多人做着大致相同的工作,那么必须找到一种方法,让其中一些人的工资比其他人低。否则,考虑到市场化的资本主义民主国家的假设,工资上没有差距的话,人们就不会有足够的理由竭力工作,而只有当他们尽力工作使他们比同事获得更高工资时，他们才愿意这样做。所谓"现代"，即应用市场模型，由此产生的结果是，衡量努力程度和工作效率的方法越来越多，且华而不实。久而久之，大学变得愈加撕裂，意志消沉，士气低落。行笔至此，我们不妨回顾一下《罗宾斯报告》(1963年)当年散发出来的道德信念。这份报告被一位历史学家称为"20世纪最伟大的国家公文之一"[1]，里面曾这样写道："我们相信，在不同——但全部享受公共资助——的大学中从事类似工作的员工，他们在收入和前景上存在任何差距都是不公平的，我们认为这样的差距会带来有害的影响。"[2]

这似乎与当今的管理咨询业在讨论此类问题时所使用的语言相去甚远。"对比美国和英国的大学教师薪资，我们惊讶地发现，两国各个等级的平均工资差距要远远小于两国顶尖研究者之间的工资差异。这就引发了一个问题，即我们的大学在招聘和留住优秀科研人才方面，是否利用薪酬达到了最佳效果。"这个问题是否存在？还是说，英国的"肥猫综合征"(Fat Cat Syndrome)并不像美国一些大学那样一发不可收拾？这体现了我们这个时代另一个错误的市场假设，即把大量的钱发给大学里的几个顶尖人才，能极大程度地提高该机构的整体表现。事实上，在许多活动中，士气、承诺、合作和团结精神更为珍贵，而往往只有薪资水平差距不大的体制，才能促生和培育这些珍贵品质。

总的来说，白皮书的用语一再表明，政府相信大学骗取选民资助的唯一条件是，大学能够带来经济效益。这一愚蠢逻辑贯穿于白皮书，并且尤为淋漓尽致地体现在其对"入学率"的讨论上。值得注意的是，教育史家不断地向我们证明，所有衡量高等教育参与度的标准都富含争议，每种标准所依赖的定义亦富含争议；因此，以无严格可比性的数据为基础而得出的结论，极容易出错。例如，根据经济合作与发展组织（OECD）的数据，波兰拥有 62％的学士学位或同等教育程度的净入学率，而德国只有 30％，但至于两国经济表现孰优孰劣，相信大家都有目共睹。在英国，这一数字已经从 20 世纪60 年代早期的 6％—8％上升到今天的 43％—44％。白皮书急于消除人们对这一趋势的潜在批评，于是继续写道："尽管在英国，接受高等教育的人数有所增加，平均工资溢价①却并未随着时间的推移而下降，仍是经合组织中最高的。说'更多意味着更糟'，这不符合事实。"可是，金斯利·艾米斯和黑皮书②

---

① 英文为 average salary premium，指超过正常通货膨胀造成的工资增长之外的平均金额。

② "黑皮书"的英文是 Black Papers，特指 1969—1977 年发表在英国学术期刊《批评季刊》上的一系列关于英国教育的文章，与英国政府的白皮书针锋相对，旨在攻击"进步主义教育的泛滥"和工党推行的教育改革。除了金斯利·艾米斯（Kingsley Amis），撰稿人还有艾丽斯·默多克（Iris Murdoch）、雅克·巴尔赞（Jacques Barzun）等文化名人。

的撰稿者曾经不厌其烦地告诉我们:让劳苦大众进入大学,可能会危及不同群体之间的收入差距。显而易见,这里传达了一种愚不可及的观点:对你来说,允许别人上大学是没问题的——只要这不影响你比别人赚得多。

与此同时,也请大家注意这个恼人论点所隐含的社会图景。当同一年龄组只有 6% 的人读过大学,这些人毕业后的平均收入是其余 94% 未读过大学的人的(比方说)两倍。现在这个年龄组有 43% 的人上大学,他们每个人的收入也是其余 57% 未读大学的人的两倍。实际上,这指向的是一种明显(尽管有限)的繁荣扩散,以及社会结构和职业结构正在发生的根本性变化。考虑到过去 50 年间发生的社会和经济变化,即使大学不存在,这 43% 的人也完全有可能赚到两倍于他们不幸的同龄人的收入。我们由此可以窥见,政府在决定高等教育"入学率"的上限时,可能采用的一个标准:外面必须有足够多的人让你看不起,这样才能让你觉得读完大学、拿到学位是值得的。

高工资与大学教育之间是否存在因果关系这一问题,也暴露了"潜力"和"公平"等修辞的愚蠢。首先,让我们实事求是地看一看,到底是哪些人接受了高等教育。在绝大多数情况下,来自专业人士和中产阶级家庭的孩子从小就拥有文化和语言优势,这不仅有助于他们在学业上表现优异,也有助于实现他们的教育理想和职业抱负。出于这些原因，上大学的人基本上是在毕业会考中取得最好成绩的人。假设没有大学这样的机构，每个人都在 18 或 19 岁时直接去工作，谁的平均收入可能是同龄人的两倍？答案只会和现实情况一模一样，都是同一拨人。人们谴责大学的"精英主义"，因为他们在很大程度上无力削弱这种系统性不公平的社会结构。这里透露出一个特别明显的迹象，表明英国政府已经在很大程度上认可了一种我们所熟悉的美国式组合：市场个人主义 ＋ "平等尊重"的说辞 ＋ 诉讼的故障保护措施。

在其他方面，这本白皮书所想象的世界，也是一个教育达尔文主义的世界。这个国家的高等教育与别国的"竞争对手"陷入了殊死搏斗，只有"最强"的部门才有资格拿到可观的研究经费；大学之间"抢夺最优秀的科研人员"；未能根据"市场"对其所提供的课程进行合理"定价"的大学将被淘汰，等等。这份文件还敦促我们认清如下现实："我们的竞争对手正在筹划海外办学，进入传统上属于我们的市场。"这可能如实反映了一些大学的做法，但"吸引优秀的海外留学生"和"海外办学"之间，难道没有区别吗？实际上，前者意欲在跨国性的人类知识探索中深化国际联系，而后者则旨在牟利。

的确，就智性活动而言，其他国家在何种意义上是"我们的竞争对手"？这一市场话语如今无所不在，以致我们几乎无从察觉。它背后的假设,事关谁能从应用科学中获得经济利益。但这一市场话语尚未意识到,智性活动不是零和博弈:某一技术在世界范围内得到广泛使用,其所带来的利益,远远超过最初开发这一应用技术的国家所能获得的任何理论上的收益。无论如何,应用技术不是大学事业的全部,甚至连大部分都不是——至少现在还不是。不同国家的学者群体之间可能存在着类似个体之间的那种**较量**,但绝不存在任何意义上的**竞争**。如果别国的考古学家发现了某个古代文明拼图的关键部分,那么英国考古学家只会从中得到滋养,而不会因此受损。

作为人文学科的考古学,其学术研究虽然由个体独立进行,但它依赖并促进人类共同积累的知识探索;它虽然超越了不同国家和不同代际的边界,但它几乎不会产生直接的经济效益。白皮书如此专注于被视为技术应用源头的科学,对于考古学这样的人文学术,它采取漠然置之的态度,着墨甚少。在《卓越研究——基于自身优势》这一章的大约三分之一处,有一个用数字编号的段落,该段只由一个短句构成。全文这样写道:"2.10:其中一些观点适用于科学和技术,对艺术和人文学科亦同样有效。"这句话在智识上薄弱无力,夹杂着慵懒的漫不经心,听来既令人震惊又使人沮丧。

3

用政治术语来说,政府提案中的两个"烫手山芋",与学费和学生的支付方式有关。政府的计划是,首先,在现有的高教系统统一缴纳的基础学费之外,允许大学自行选择是否引入"附加学费"(top-up fees),目前附加学费的上限为3000英镑。该计划的假设似乎是,顶尖大学相信自己仍能吸引到最优秀的学生,因此会选择收取额外的费用,而名气较差的大学可能不会这样做,倾向于选择"打价格战",用较低的学费招徕生源。其次,政府计划向相关学生征收附加学费,但不是以入学前预先缴纳的形式,而是以对他们毕业后的工作收入征税的形式。这两个提案是作为政府一揽子计划提出的,但实际上它们可以剥离开来。要求学生个人分担他们的大学教育费用,并不必然涉及"附加学费"这一引起争议的、不够完善的概念,甚至取消这项费用也完全可行,反正"附加学费"是大学和政府之间直接签订的象征性合同,政府可以通过增加直接拨款来取而代之。拟议的"毕业后费用分担回馈方案"(Graduate Contribution Scheme),显然比目前的先缴学费(up-front fees)制度更可取,根据这项方案,国家将及时收回大部分学费,而不会在大学和课程中引入扭曲的资金"市场"。

根据提议的方案,一旦毕业生的收入开始超过一定的数额(方案实施的第一年,建议标准数额为 15000 英镑),税收系统将从他们的收入中扣除一小部分,直到他们被认为已经"偿还"了当时由政府的公共资金所资助的教育成本。但是,这一措施包含了两个不同的原则:一是学生支付"课程费用"原则,二是学生根据后来的收入,支付一定比例的费用原则。虽然在某些情况下(如医学),这两个原则殊途同归,会导向一样的结果,即支付的"课程费用"高,工作后的收入也高,因此按比例偿还的费用也高,但一般情况下两个原则之间没有必然联系。而且,应该清楚的是,第二个原则作为政策基础,比第一个原则更容易被人接受。学生本人不应该为教育付费:大学教育是一种公共品,上一代人应支付下一代人的教育费用。但是,鉴于更高的预期收入要么是接受高等教育的动机,要么是其后果,于是就有一种观点认为,学生应按收益的比例分担教育费用(实际提议是单一税率,而不是累进税)。不过,学生支付"课程费用"这一观念容易产生误导,在这样的商业语言的熏陶下,学生成了对价格敏感的消费者,忙于在大学里进行采购。

无论如何,任何对大学课程"费用"的计算都不切实际。大学要做的事情太多,它并不围绕某一门特定的课程展开,因此我们几乎无法弄清花在每个学生身上的真正"费用"(而不是随便按照现有部门预算的某个百分比估算出来的成本)。在任何情况下,"课程费用"原则都可能产生有害的后果:任何人都不应该因为学费高而放弃学医，就像人们不应该因为学费低而攻读自己毫无热情的哲学学位。1998年，时任教育大臣的戴维·布伦基特（David Blunkett）不顾专家的异议，一意孤行地推广先缴学费制度，并逐步废除学生的生活补助金。自从"布伦基特的下策"（Blunkett's botch）实施以来，政府一直在努力实现如下三个目标：扩大招生范围、迫使学生直接分担更多学费、给大学提供足够的但政治上可接受的资金。不过，政府目前还未能实现这些目标。一个适度长期的"毕业后费用分担回馈方案"将是损害效应最小的方法，而"附加费用"则是损害效应最大的方法。

尽管白皮书可能提出了人们乐于接受的若干建议，但其语言饱含惊慌的虚张声势，并难以取得任何成效，终将进一步削弱英国大学的士气。这并不是说我们应该努力回到过去的某种状态。最起码，我们需要承认如下事实：如今被称为"大学"的机构，正在开展各式各样的活动，这些活动需要我们用各式各样的表述来加以辩解。原则上，我们应该清楚地表达，"不同"并不意味着"劣等"；但在实践中，文化态度可能根深蒂固。自我优越感及其表达的焦虑，可能是我们再次尝试根据大学的不同职能来区分大学的不同类型的最大障碍。另外，我们还应正确认识到这样一个有用的事实，即关于谁上了大学的统计数据中有着清晰可辨的社会模式，这些模式告诉我们，谁能上大学在很大程度上是由大学招生实践之外的力量决定的。当有接近一半的成年人进入大学，亲身体验高等教育的时候，人们对大学持有的过时观念可能会减少，这种观念所助长的公众对大学录取程序的猜疑心理也会减弱。在这种情况下，如果政府能落实一个大体上令人满意的助学体系（这个重要假设也许太过乐观），那么可能出现的情形是，尽管总会有人觉得自己被心仪大学拒绝有失公正，但以"入学资格"或教育机会的名义获取的政治好处就会少一些。

更令人怀疑的是，政府是否有政治勇气宣布大学教育是一项社会福利，每一代人都要帮助下一代人承担这一成本。这需要人们承认，仅从经济的日益繁荣的角度为大学辩护具有局限性；人们还需承认，大学教育不同于高中毕业后的技能培训或职业准备，它可能并不适合所有人，而且国家现在无论如何也无法普及免费的高等教育。也许更困难的是，人们需要接受这样的观念，即某些类型的智识探索本身就是公益事业，大学教师在攀登最高水平的智识探索的过程中，需要公众的持续支持。可惜的是，这些智识活动只构成大学活动中相对较小的一部分，而且难以用经济和功利主义的论据为其辩护，但它们仍然不可或缺。大学目前面临诸多不确定性，但唯一可以确定的是，若将大学全权托付给名为"市场"的神，这些问题不仅得不到解决，还将持续恶化。

9

影响力①

1

我保证,下文的内容既非讽刺,亦非戏仿,但其一本正经
的腔调,或许会引人发笑。

20多年来,英国高校对科研拨款的分配,一直取决于历次
"科研评估考核"的鉴定结果。大致而言,政府要求所有大学
提交相关期间(通常为五年)的科研证明。证明材料主要包括
每位员工的出版物,院系"科研环境"方面的信息(比如,为鼓

① 《研究卓越框架:关于科研评估与资助的第二次咨询》,伦敦:英格兰高等教育基
金委员会,2009年出版(*Research Excellence Framework: Second Consultation
on the Assessment and Funding of Research*. London:HEFCE, 2009)。这份
"咨询"文件向公众征求意见,要求在12月截止日期前回复;我的文章最初发表
于2009年11月。——作者注

励和支持教师、博士生的研究而采取的措施），以及业界"声誉"的证据（比如学术认可度、专业任职和荣誉）。所有材料均由资深学者小组进行评估，这些小组涵盖特定学科或相互关联的学科组，它们根据一个相当简单的公式打分。在各项打分要素中，发表物的质量所占权重最高。然后，得分最高的部门，将获得最大份额的拨款；不出所料，这些分数也被用来生成排行榜。

在实践中，这样的拨款流程存在各种明显缺陷，而且非常耗时。为了回应不断累积的批评，政府几年前宣布，它正在考虑终止该拨款方案，或采用更简便易行的办法取而代之。结果，政府发现没有更好的拨款分配方案，只能继续执行原来的方案，尽管对其有所修正。为了挽回颜面，原方案被重新命名为"研究卓越框架"（Research Excellence Framework，缩写为REF）。英格兰高等教育基金委员会刚刚发布了指导方针，阐明它将如何运作。该文件称，这一流程的某些方面尚未解决，因此它诚邀各所大学（和其他利益相关团体）在短暂的"咨询期"内做出回应。

在许多方面，"研究卓越框架"将愈发趋近"科研评估考核"，并且也会要求提交类似的证据材料（代表性的出版物，关于科研环境的信息等），但它引入了一个非常重要的新元素。在这个评估框架下，大约25％的评级（确切比例尚未确定）将分配给"影响力"。产生影响力的前提是,研究必须"给更广泛的经济和社会带来可论证的好处"。指导方针明确指出,"影响力"不包括对其他学者工作的"智识影响",也不包括对教学"内容"的影响。它必须是对学术界以外的其他"研究成果的使用者"的影响(相应地,评估小组除了资深学者,也将纳入"各种各样的研究成果使用者")。此外,这种影响力必须是由大学院系自己通过"努力开发或应用这些研究发现"而产生的,别人碰巧利用这些"研究发现"而产生的影响力,则不能算作该大学的影响力。

指导方针里的重要内容,是由各种抽象概念所构成的,其背后的现实总是能从说明性的细节中清晰显露。关于"影响力指标"的段落,让我们对现实情况有所了解。该文件明确指出,一些指标与"结果"(例如,健康状况改善或业务收入增长)有关;其他指标表明某项研究"对用户群体有价值"(如研究收入);还有一些指标提供了"朝向积极结果发展的明确证据"(例如新产品、政策建议、医疗干预等的采纳或应用)。这份参考文件提供了一份"影响力指标"的"菜单",里面列出了 37 个要点,几乎所有要点都涉及"创建新业务"、"将新产品或新流程商业化"、"吸引全球企业的研发投资"、为"公共政策的制定"提供信息或改善"公共服务"、改善"病人护理或健康状况",以及改善"社会福利,增强社会凝聚力或国家安全"(这个组合特别奇怪）。其中只有五个要点被归入"丰富文化，包括增强科研的公众参与度"这一类，它们包括诸如"公众参与科研的水平提高"和"公众对科学态度的改变"等。最后一个要点的标题是"生活质量方面的其他福利"，唯独这个要点没有提供例子，仅在标题下面用一行句子写道："请为该列表可能包括的其他要点提供建议"。

这些短语所暗示的重点事项在整个文件中反复出现。例如，在解释每个部门的"影响力概况"如何被评为"四星""三星"或其他星级时，文件提供了"各个星级的影响力的草拟定义"。"三星"被定义为"具有高度创新性（但不具有开创性）的影响力，比如新产品或新工艺"。还有一段令人不寒而栗的文字："引人关注的是，某些领域的研究产生了间接的社会或经济影响，即通过影响其他'与市场更近'的学科（例如，数学研究可能会影响工程研究，而工程研究反过来又会产生经济影响），间接地影响社会或经济。我们打算制定一种方法，对诸如此类的研究给予应有的肯定。"

显而易见，"科研评估考核"的指导方针文件的发起者们在努力表达他们政治领袖的意志，主要考虑的是经济、医疗和政策的"影响力"，故而他们心心念念的是科学、医学、技术和社会科学，也就是所谓"与市场更近"的学科。我不会冒昧地为从事这些学科的同事们代言，但我知道他们比谁都忧心忡忡，担心这份文件的实施将误导、扭曲这些领域的研究工作。这一指导方针的实施，有一个前提条件，即所有学科都面临同样的考核要求和标准（值得一问的是，为何非要如此？暂且不谈这个问题）。这里，我想要探讨的是对人文学科强加"影响力"方面的要求可能产生的灾难性后果。

如前所述，指导方针明确排除了通常被认为与人文学科工作最直接相关的影响力——即对其他学者的工作的影响及对教学内容的影响。（据说，这些都包含在对出版物本身的评估中。）而在针对"影响力"的评估中，"影响力"指的是"对大学以外的研究使用者"所产生的影响。普通读者似乎不算"研究使用者"。因此，在对英国大学人文学科进行的研究"卓越"评估中，"影响力"所占的权重高达 25％，而且有着非常奇怪的定义，评估结果将取决于其所提供的相关证据。这在实践中意味着什么？

我们且举一个假想的例子。假设我在另一所大学有一位同行，她是维多利亚诗歌方面的顶尖专家，多年来从事一项批判性研究，研究对象可谓维多利亚时期的三星级诗人（"具有高度创新性，但不具有开创性"）。她的著作甫一问世，就获得几位书评家的好评，被称赞为关于这个论题的最好研究专著：作者不仅对维多利亚时代的诗歌，而且对其他类型的诗歌有着深刻的认知，这使其作品大为增色；它整合了丰富的历史知识和传记知识，对这位诗人的诗歌做出了富有启发的阐释；它对文本的种种复杂性做出了精确而谨慎的评判；它澄清、修正、激发了其他评论家对这位诗人作品的理解，并通过他们各自的写作和教学，使后代的学生和感兴趣的普通读者也对诗人的作品有了更深入的了解。值得一提的是，它代表了具有普遍价值的严谨学术，并使读者意识到最好的批评所能唤起的特质：敏感性、判断力及文学智慧。它是人文学科"卓越"研究的典范。可是，它的"影响力"为零。

这部著作的影响力，通过我对该书的接受情况的描述，就已经不言自明。然而，如我们所见，评估体系对"影响力"的定义不当，不承认这类成果的影响力。另外，只有证据表明我的这位同行的作品，通过其所在学系的努力而产生了直接成效，其影响力才会计入这位同行所在的学系。比方说，如果能向"学系影响力委员会"（Departmental Impact Committee）证明，该学系已经向广播和电视节目的许多制作人吹捧和兜售了教师的新"发现"，其中一个制作人对这项研究工作感兴趣，并由此制作了一档与书中的"发现"有关的节目，如果节目播出后，观众对该节目的反响较好，那么这个部门的影响力得分可能会有所上升。如果学系没有付出这些努力，那么它就无法得到影响力的加分。

且不考虑这个过程所耗费的大量时间和精力（通常是徒

劳无功的），也不考虑文学学者未必擅长推销和叫卖，我们首先要问一个根本性的问题：为什么一个学系的研究恰好以这种方式被接受，就应该比未获得接受的学系得到更高的评级（及相应的奖励）？从书籍转化为另一种媒介的机会，取决于各种不可控的因素，而且也没有理由认为这种转化的成功与否与原著的研究质量有任何关系。非要说两者有什么关系的话，庸俗花哨的文本解读（譬如说，专注于诗人的性生活）可能比细致入微的批判性解读有更大的成功机会。在影响力指挥棒的作用之下，学者们更有动力去研究具有这种"市场"潜力的课题。我记得在 20 世纪 60 年代的电影《毕业生》中，一位好心的年长朋友想给年轻的达斯汀·霍夫曼扮演的角色本恩提一个关于未来职业的建议，他把手搭在霍夫曼的肩上，低声说："塑料。"资深学者在给年轻的文学研究者提供建议时，是否也应该对他们的后辈耳语"都铎王朝的君主们"？

这项评估活动不仅要求大学的各个学系成为精通市场规律的营销代理，还要求它们成为知识无比广博、见解无比犀利的文化史家。因为，在提交佐证材料的过程中，它们得"确认提交的作品在成功利用或转化卓越研究上所做的贡献"。有没有人真的想过，对于思想性的研究工作来说，如何才能确认其在这方面的贡献？一位经验丰富的文化史家或社会历史学家，在某个主题上已深耕多年，也许——只是也许——能够确定一项学术研究在某些社会实践和社会态度的长期变化中所起的作用，但他仍需做出大量翔实的调查研究，并且只能在相关事件发生很久之后、在充分利用各种资源的基础之上完成这项研究工作。然而，每个学系若想在"卓越"研究的"影响力"上获得好评和荣誉，就必须努力做到这一点。

现在换个不同的例子。有三位研究盎格鲁-撒克逊时期英格兰的历史学家，他们分散在三所不同大学的历史系（同一所大学的历史系，很少有多位研究这一领域的史学家），多年来一直阅读彼此的著作，慢慢地，他们对于随葬武器的意义生成了一种修正主义观点。他们在相关的专业期刊上发表了一系列文章，其他学者纷纷思考这些文章的观点，并被其说服，随后在自己的写作和教学中融入了这一新的阐释。一个地区博物馆的馆长是最近刚从这三所大学之一的历史系毕业的系友，还保持着跟踪学术文献的习惯，他认为这条新的阐释路径将为展览提供一个绝佳的主题。于是，他安排从其他博物馆借阅资料，请求以前的老师帮忙核查展示板上的信息，最终展览大受欢迎。这看上去是一项学术研究能够影响广大公众的理解力的典型案例，但当这三个历史系给"研究卓越框架"提交材料时，这些统统不算数，因为这场展览不是由各个历史系出面"利用或应用研究成果"的直接结果。这项研究的影响力得分为零。

为了充分捕捉"影响力"这一新要求对研究的影响,我们需要稍微深入地探讨这个案例。上述三位学者中的第一位,他所在学系的"研究卓越框架"委员会对这次错失的机会感到非常愤怒,于是在接下来的五年里,这位学者不得不花相当多的时间联系博物馆馆长和电视节目制作人,怀着推广研究成果的渺茫希望,等待自己的研究被他们所用。他还必须就他在这方面所做的努力撰写年度报告,并对未来的推广工作制订年度计划。在第二位学者所在的大学,主管科研的副校长发出命令,除非事先有"可论证的影响力",否则不会提供研究资金或学术休假,并敦促教职员工切勿与其他大学的同行分享任何可能让这些大学捷足先登的信息或人脉。这位历史学家对自己的未来感到担忧,于是他不怎么做研究了,代笔撰写了《阿尔弗雷德国王的面包和蛋糕烘焙书》,然后成为这所大学的研究战略主任(专门负责人文学科)。第三所大学的历史学家不堪忍受这种愚蠢的评价体系,一气之下赴美任职,在美国大学里继续做"高度创新"和"开创性"(但没有"影响力")的研究,并且最终改变了全世界学者对该研究领域的思考方式。

2

这种错误的政策是如何强加给英国大学的？对此问题，我们可以做出一知半解的猜测。尽管这一政策起源于最近一次内阁改组之前，但高等教育事务如今已被纳入曼德尔森勋爵所掌舵的商务部的责权范围内，这一事实令人失望地表明了官方的态度。不过，即使大学里的政府支持者异常强势，一个无法抗拒的事实是，英国的"高等教育部门"现在太庞大、太多样化了，无论是机构类型抑或学科门类，莫不如此，以至于无法受制于同一套单一的评估模式。现以两类大学中的两类教师为例。一位是昔日理工学院①的讲师，工作内容主要是为地方卫生所的手术室护士讲授一门职业进修课程；另一位是传统大学的讲师，工作内容主要是指导博士生，以及为拉丁文学系大四本科生授课。可想而知，两人从事科研活动的理由一定十分不同，但后者的价值未必就比前者低，而且他们的研究与各自受众的关系也可能十分不同，所有这些差异都应该体现在不同的评估和资助体系中。

这一错误政策意味着，政府在蓄意改变英国大学的品格。无论如何，该政策出现了一些明显的概念错误，呼吁公众注意

---

① 在英国，传统的理工学院或工艺专科学院，于1992年后多已改为大学。

到其混乱和不足之处，仍然十分重要。譬如，这项评估活动将"影响力"和"效益"两个不同的概念混为一谈。它没有提出任何办法，供我们判断某一种影响力是否可取；它想当然地以为，如果可以证明某项研究影响了许多学术界之"外"的人士，那么该研究就产生了社会效益。它还将"效益"概念局限于某种人们刻意追求并成功实现的东西上。一部优秀作品，无论是自然而然地产生了广泛的影响力，还是由于作者采取的推广手段而产生了广泛的影响力，作品本身的价值都不变——哪怕它并未产生广泛的影响力，其内在价值也不会减少一丝一毫。另外，该政策对于其所评估的内容懵懂无知。譬如，它并未指出，"影响力"是除了科研质量以外的另一种可取的社会公益，反而将影响力作为衡量科研质量的指标。于是，在这场评估活动中，"科研＋市场营销"这一组合不仅优于没有市场营销的科研，乃至优于**科研**本身。

这些战术性的错误，根源于公共话语中越来越普遍的更大的混淆。首先是"内部"与"外部"的物化。人们认为，为"内部"活动做辩护的唯一方法是证明它给"外部"带来了好处。但是，我们任何一个人都不完全置于机构的"内部"或"外部"，也不完全处于某一身份的"内部"或"外部"，这些身份的总和在某种程度上构成了我们是谁。"内部"与"外部"的区分，可能会成为误导人的空间隐喻。同样，如果一项需要支出的活动会带来激发他人的支出这一间接效果，就认为它比没有这种间接效果的活动更合理，这也是错误的。艺术是一种有价值的人类活动，不过，证明艺术还可以通过参观、购买、就业等方面为经济"生产"数百万英镑，并不会使它成为一种更有价值的人类活动——简而言之，艺术的价值不会因为经济效益而有所增减。

《牛津英语词典》对"影响力"的定义指向了核心问题："撞击行为"（The act of impinging）；一具身体对另一具身体的撞击；冲撞（collision）。这场拟议的评估活动所要寻找的，无非就是一个机体（大学）对另一个机体（非大学，这里指的是"社会"）的撞击的证据。仅此而已：一个机械模型。可是，优秀的学术研究对包括其他学者（他们同时也是公民、消费者、读者……）在内的广泛大众的影响，对其思想和情感方式的真正改变，要比一个台球对另一个台球的撞击微妙得多，持久得多，间接得多。

毋庸讳言，我们完全可以要求任何领域的专家时不时地向非专业人士（切记，一个领域的非专业人士可能是其他领域的专家）解释其所从事的研究有何趣味和意义。面向非专业人士的普罗大众讲话，本身就是一项值得赞许的活动，明智的政府会注意到公众对学术研究缺乏"参与"和了解，并为此感到担忧，进而会想办法鼓励他们参与到学术研究中来。但这与评估考核的要求截然不同,后者要求的是"外部使用者""应用"这项研究的证据,而这些证据将用以确定该研究的质量评级。

我的一些高校同行说,如若人文学科不像其他学科那样接受"影响力"的考核,那将造成一场公关灾难,因为这将导致人文学科被降级,所获资助也将进一步减少。然而,这些同行并没有质疑如下事实:这一考核过程所要求的影响力,在形式和标准上都不适用于人文学科。其实,人文学科的学者很少有人对此提出质疑。他们反而觉得,尽管有"磋商"期,但还是应该保留这些考核要求,我们所有人都必须努力前行,各尽所能地"保持这个系统的正常运作"。

当然,在这些事情上抱持天真任性的态度是无济于事的。不过,从长远计,上述反应虽然精于算计、世故老练,却可能会产生适得其反的后果。我们不仅应该接受"磋商"(无论这个词在文件中显得如何虚伪)的挑战,而且我们在答复中应该尽可能地解释清楚,目前制定的这些考核方针的潜在损害。另外,在公共讨论中,我们需要尝试使用一种更熨帖的群众语言,取代官样话语,以免我们的头脑被后者那装腔作势的抽象概念殖民。这些考核措施目前尚未激起强烈的反对声音,其中一个原因在于,在过去的三十年里,我们的敏感性已经被泛滥的经济主义官话——诸如"用户满意度""市场力量""问责制"——麻痹。我们的耳朵也许再也听不出"研究卓越框架"实际上是一个多么愚蠢、多么闪烁其词的短语，或者依据"外部使用者"数量或"影响力指标"来判断学术研究的**质量**这一提议是多么荒唐可笑。

我们不能任由这些胡诌成为公众讨论这些议题的唯一表达，而应强调（如我在第四章所做的那样），我们所谓的"人文学科"作为一个整体，记录了最为丰富多样的人类活动。我们试图加深对人类活动的某一方面的理解，就是试图以学科性的方式，训练有素、清晰易懂地表达人类的好奇心——这种尝试本身即目的。若不修改这些指导方针，英国大学的学者们将在这种尝试中投入更少的时间和精力，而将更多的时间和精力用于琢磨如何成为一名产品推销员，挨家挨户地贩卖他们日益以市场为导向的、通俗化的"产品"。现在试图阻止这种结果的出现，可能还不算太晚。

10

布朗的冒险①

1

对《布朗报告》的最初回应,似乎大都没能抓住重点。针对这份报告里的各项提议,大家的讨论几乎全部围绕"学费上涨",所做的分析主要关注毕业生可能支付的数额,以及与现行制度相比,各个社会群体的得失情况。简而言之,这样的讨论狭隘地集中在学费上涨对学生个人的潜在的经济影响上。这里,我们必须承认,倘若接受布朗的前提条件,他针对毕业生的学费分担体系所提出的一些细节,是对目前不合理的制度安排的一种改进。

---

① 布朗勋爵等:《确保高等教育的可持续未来:高等教育资金和学生财务的独立评估》(2010 年 10 月 12 日),www.independent.gov.uk/browne-report。——作者注

不过，该报告建议从根本上改变大学的融资方式，其改变程度要比聚焦收入门槛和还款率所暗示的改变大得多。说到底，布朗的观点是，我们不应该再将大学视为公共品的供应商——这种大学理念将高等教育视为一种公共品，其质量的优劣由大众来评判，并受到公共资金的资助（近年来，少量学费对其进行了补充）。布朗认为，我们应该将高等教育视为一个监管宽松的市场，在这个市场中，消费者的需求体现为学生的选择，学生在决定服务供应商（即大学）提供什么服务方面拥有主权。报告最激进的一项提议是，应该几乎完全取消政府拨给大学的年度整笔补助金（目前这笔资助约为39亿英镑，专门为大学的教学提供经济支持）。这可不仅是一次"减少开支"那么简单，实乃一次严酷的大削减：这不仅意味着对高等教育的重新定义，也表明国家放弃履行对高等教育的核心财政义务。

布朗希望看到的大学，是能在竞争激烈的市场中招徕顾客的大学。据《布朗报告》，政府将根据不同消费者的购买力给予相应的补助金，尤其会补贴那些薪水不高的毕业生，但今后决定大学教什么、怎么教，乃至大学否应该存在，将是消费者的自主选择。当然，这份报告在"保证质量"和"维护公共利益"方面的出发点是好的，颇引人赞同，而且它为了减轻新方案对家庭条件较差的学生造成的严重经济影响，确实提出了一些很好的构想。然而，这里最关键的却不是筹资举措的细节，而是论证其合理性的独特方式。这份报告主张，从今往后，英国大学应该依照经济学的完全竞争理论原则来运作。

我们不能妄想英国大学目前一切都好，总体情况令人满意。一方面，以低成本的方式扩大招生人数，已经极大地削弱了学校对学生个体的关注度：几乎所有学生家长都听到过令人不安的传言，譬如"研讨会"过于拥挤，面授时间太少，或者教师对学生书面作业的关注度极低。另一方面，科研评估活动有各种显而易见的弱点，其中一个弱点是，这些活动助长了重科研、轻教学的校园文化，导致科研奖励的力度远远大于教学奖励的力度。上一代或更早的大学教师，他们爱岗敬业，广泛阅读，追踪学术前沿，但他们自己在学术发表上并不高产，因此往往被迫提前退休，被年轻的同事取代。这些年轻教师勤于发表学术论文，视之为获得个人晋升和他人敬重的途径，并尽力减少自己对本科教学的投入。

此外，我们不能妄想存在一个统一的"大学系统"，否则会出现诸多问题。实际上，大学种类繁多，质量也参差不齐。在过去的二三十年里，之前一直无法享受"中学之后再教育"的部分人口获得了巨大的受教育权，这是一种伟大的民主利益，表明财政困难或其他方面的困难也不应该使我们在公平教育问题上得过且过。话虽如此，这并不意味着所有学生都能（或者都应该)在年满18周岁之际作为全日制的学生进入寄宿大学,攻读传统的、密集授课型的文学学士和理学学士学位。在一个多元化的高等教育体系中,各种各样的非全日制课程、与工作相关的课程、以职业为导向的课程,以及职业暂休期的课程应有尽有,且合情合理,但与此同时,人们应该对以开设这些课程为主业的机构的社会价值给予充分承认和适当奖励,而不应强迫它们去效仿"传统"大学,因为资源和声誉等方面都于它们极为不利。

要理解布朗提议的要义所在,我们需要稍加回顾现行制度在过去半个世纪的演变过程。20世纪六七十年代,英国大学的大部分收入来自政府的"整笔拨款"(block grant),后者由一个资深学者组成的机构"大学拨款委员会"按照"公平独立交易"(arm's length)原则进行管理。20世纪80年代,这一制度经历了重大修改,例如,"科研"经费根据连续几次的"科研评估活动"的结果进行差异化分配,包括教学在内的经费则大致按人头分配,医学等昂贵学科的教学经费要高出好几倍。1980年代末,"高等教育基金委员会"取代了"大学拨款委员会",这个基委会的成员包括商界人士和行政官员,其职责是通过发放基金来推行各项所谓的改革,从而更直接地贯彻历届政府的政策。20世纪八九十年代,保守党政府在增加学生人数的同时故意降低了资助水平,正如《布朗报告》亲口承认的那样:仅在 1989—1997 年间,"大学在每个学生身上的资助下降了 36%"。1992 年,英国政府允许所有的理工学院升级为大学,这一决定几乎使大学的数量翻倍,大学生的数量也因此陡然翻倍,并且都在单一的大学体系下接受资助。1981—1997 年间,大学盲目扩张,政府对大学的资助水平却在逐步降低,这种蓄意的双管齐下对大学造成了巨大损害,对教学质量的损害尤为深重。

20 世纪 90 年代中期,为了想办法阻止这种恶性循环,政府专门成立了一个委员会,由经验丰富的教育政策制定者迪林勋爵(Lord Dearing)担任主席。人们认为,该委员会于 1997 年发表的报告标志着"普遍免费的高等教育"时代的终结,因为这份报告建议,毕业生应该直接偿还他们的课程费用。迪林建议,这应该通过一个首期贷款的延期偿还体系来实现,并根据学生在大学毕业后的收入进行调整。然而,时任教育大臣的戴维·布伦基特决定,学费应当采取先缴(upfront)的收费方式,最初每年征收 1000 英镑(他还减少了学生的生活费补助,这是另一项考虑不周的举措)。学生大都感到自己的境况变得更糟,大部分高校也有同感。从一开始就很清楚,"布伦基特的下策"充其量只能算作一种临时的补救措施。

2004 年的《高等教育法》(The Higher Education Act)曾引发激烈的政治冲突,政府以微弱优势在议会中取得胜利,使该法案得以通过。这项法案确立了差别学费（varied fee）制度，学费水平由各所大学自行设定，最高不超过 3000 英镑，且与通货膨胀挂钩。另外，该法案废除了先缴学费，并制定了目前正在实施的延期偿还体系（当毕业生的收入超过 15000 英镑时，才开始偿还贷款），以及一个令人费解的奖学金、助学金和其他贷款的组合方案。政府允许大学自行设定学费标准，据称是为了鼓励各大学"打价格战"。事实证明，只有一所大学的收费低于政府设定的最高限额，并因此蒙受大量的收入损失，于是很快，所有大学都收取最高限额 3000 英镑的学费。这样的学费政策给大学带来了一些可喜的额外收入，使它们得以着手解决由于资金长期不足而造成的种种问题，但教学成本仍然主要由政府的一次性拨款来支付。

探讨布朗建议的关键，是要认清当下高校经费制度的四个相关特点。首先，政府的整笔拨款允许大学在经费使用上更具灵活性（例如，交叉补贴不太受欢迎的学科），也允许大学在远景规划上更具稳定性（最起码保证了每笔经费结算之间的稳定性）。其次，每所大学仍然自行制定教育决策，比如它们所提供的科目种类、最理想的教学形式等，政府对此没有做出硬性规定，学生从大学提供的课程中自主选择即可。第三，政府在控制学生总数方面有直接的经济利益，因为无论是一次性的整笔拨款，还是在贷款和奖学金制度的成本担保方面，政府的支出都是按人头计算的。第四，学费并不取决于学生的实际教育成本，因为后者因课程不同而不同、因大学不同而不同；目前的学费最好理解为一种毕业生的人头税，它被延期付款这一温和渐进的措施缓和。因此，我们目前的高校经费制度是国家、大学、学生和纳税人之间缔结的一种错综复杂的契约。

布朗建议废除这一制度的大部分内容。他希望取而代之的是这样一个制度：大学是服务的供应商，学生是这些服务的（理性）消费者，国家则扮演监管者的角色。他的前提是，"关于学生想要从高等教育中得到什么，他们自己能做出最佳判断"。布朗反复念叨的准则是，"学生的选择将迫使大学提高质量"，而质量的衡量标准是"学生满意度"。令他感到遗憾的是，"学生目前没有机会根据学费和性价比在不同院校之间做出选择"。在他建议的制度下，"性价比"将主要由学生根据"课程带来的工作收入"进行判断。能带来更高收入的课程，就能收取更高的学费。同样的假设也适用于贷款偿还率："毕业生本人将需分担更多的高等教育成本，每人分担的金额不尽相同，取决于他们从大学的学习中获益多少，而获益多少则由他们毕业后的薪资水平来衡量。"总的来说，"日益激烈的生源争夺，意味着大学将更有动力专注于教学质量的提高。如果这些大学不能吸引足够多的学生，它们的经费就会缩减"，最终惨遭淘汰。完全竞争理论大行其道，看到了吧？

《布朗报告》中，完全竞争理论被描述为事关大局的必要原则，是为了大学的更高利益："我们已经提出理由，呼吁加大高等教育的投资力度；至于该理由是否有说服力，决定权掌握在学生手中。"这一言论具有误导性，应该受到谴责。事实上，该报告建议大幅削减对高等教育的投资，削减幅度令人难以置信。它接着说道，希望这个巨大的经费缺口由学费来弥补——如果学生认为物超所值、愿意向大学缴纳高昂学费（值得与否，主要看大学能够使他们日后赚取高薪）。这实际上是一种变相的抵用券计划（voucher scheme）。学生可以申请补贴贷款，然后把这笔学费花在其所选择的"服务提供商"身上。该报告建议，大学今后的教学内容将取决于他们对消费者需求的预期判断。

这份报告的语言再乐观，也难掩它建议大幅削减经费的悲观事实。布朗建议，标准学费最初应设定在 6000 英镑（某些院校的学费可能会超过 6000 英镑，但这时将有各种各样的抑制因素，比如征收税款，从而追回一部分超额款项）。他虽然承认，即使对于最成功的院校，这样的收费标准所带来的收入也不会超过整笔拨款的数额，却在报告中罔顾这一事实，并不在乎削减经费可能产生的实际后果，只是轻飘飘地写道："较低的税收起征点是为了逐步使整个学费体系变得更有效率。"

于是，很多课程也许不得不停开，很多人也许会被解雇，但对布朗来说，这只能意味着：这些大学未能提供消费者所需的产品，走好不送。

许多讨论都聚焦于这样一个事实：实力较强的大学可能会收取远高于标准水平的学费，这势必会引入一个"双层制"或"多层制"的大学体系。其实，我们的大学已经分成了多个层次，条件较好的申请者和大量的科研经费涌入人们眼中声誉最好的一流大学，而层次较低的大学则难以抢夺这些资源。布朗的建议最有可能造成的后果是，它会加剧不同层次的大学之间的财力差距；最重要的是，它会极大地强化大学的声誉等级和学生群体的社会阶层之间的相关性。不可否认，这份报告包含了各种促进"受教育权"的规定，旨在减轻家庭财富对学生的教育资源分配的极端影响。然而，报告所构想的大学运作机制，仍是一种自由市场机制，差别学费当然是这一机制的绝对核心。市场往往会复制乃至强化现有的经济权力分配，这是一个必然真理。富人和穷人之间的"自由竞争"，对富人意味着去奢华的哈洛德百货商店（Harrods）购物，对穷人则意味着去廉价的奥乐齐超市（Aldi）购物：这的确是顾客"自主选择"的。

如果回到前文引用的那句话——"学生想要从高等教育中得到什么，他们自己能做出最佳判断"——这种视学生为消费者的办学模式的特性及其引发的困惑,就会变得更加清晰。细读一番,这句话其实是空洞的同义反复,因为它依赖于"想要什么"。根据定义,个体当然最有资格描述自己**想要**(want)什么。这句话只有改为:"学生**应该**从高等教育中得到什么,他们自己能做出最佳判断",才能表达报告的本意。然而,这个观点显然是错误的。孩子也许最适合判断他们**想要**从糖果店得到什么,但他们却不适合判断自己**应该**从学校教育中得到什么。当然,大学生已经不再是孩子了,但他们也不是完美市场中的理性消费者。

布朗对消费者主观选择的合理性怀有不切实际的信心,却对缜密的论证和判断缺乏信心,这既引人入胜,又能揭示问题。在关于学生"需求"的空洞表述之后,紧接着的一句话是:"我们仔细考虑过,能否通过一些客观的质量衡量标准来分配经费;但目前尚无强有力的办法做到这一点,而且我们怀疑,中央资助机构的选择是否比学生的选择更为重要。"这句话令人震惊,因为根据布朗的设想,能替代消费者的主观选择的,竟然只有"客观的质量衡量标准",即一些定量指标。同样令人震惊的是,它不承认一个基于推理、论述和证据的明智判断,而只承认由两个群体做出的"选择",仿佛它们只是主观偏好的两种等价表达式。于是,我们向国家高等教育体系分配经费的方式只有两种,要么按照 18 岁青少年的口味,要么按照一群伦敦老年人的口味。除此之外，别无他法。

　　同样，布朗似乎认为，衡量教学质量的唯一标准是"学生满意度"。这就是大学系统的运作机制：学生若是满意，就会付钱，若不满意，就不付钱；他们施加于高校的这种压力会"提高教学质量"。然而，撇开其他问题不谈，此举险些将重要的人类经验简化为一组"偏好"，就像在调查问卷的复选框里打钩一样。我希望我教的学生带着某些不满离开我的课堂（包括他们对自己的不满，因为一个总是"满意"的学生几乎是不可教育的），重要的是他们继续思考这种不满的根源，至于他们是否"喜欢"这门课程反而并不重要。"学生满意度"作为衡量教学质量的金标准，是"消费者"模式的另一处误区，当前教育界流行的"学生体验"这一术语助长了此类错误的发生（现在许多大学都有某个资深人物，头衔为"负责学生体验的副校长"）。若要判断学生酒吧的气氛好坏，最恰当的方法或许是让学生在问卷调查中勾选"喜欢"与否，但在决定哲学学位是否应该要求学生上一门关于康德的必修课的时候，通过问卷调查的形式让学生勾选"喜欢"与否，显然不是最佳方式。哲学系可能希望，多数学生在毕业后的某一天，终于懂得这个硬性要求有多么明智，而"学生满意度"则没那么重要。这种后见之明告诉我们一个关于教育的重要道理：学生常常需要专业人士的点拨，让专家为其判断某一领域是否**值得**深入研究，而他们当时是否**想要**从事这项探究并不重要。

与市场民粹主义的理念一致，《布朗报告》回避价值判断，拒绝做出一项活动比另一项活动更有价值的评判：一切以消费者的偏好——他们认为自己想要什么——为基准。但在某些时刻，这份报告被迫使用其他标准，从而暴露出这一核心前提的空洞性。比如，这份报告暗示，调整后的高等教育委员会还有一些剩余职能，它可以确保医学等专业开设足够多的课程，从而符合"公众利益"；报告接着写道："这些课程的成本很高，如果要求学生承担所有成本，他们可能会选择更便宜的课程。"再比如，据这份报告，公众对某些课程（主要是科学和技术方面的课程）进行"有限的定向投资"的做法是必要的，理由是"学生可能不会主动选择这些课程，因为这些课程的未来回报不如其他课程高，或者因为这些课程的成本比别的可选择课程更高，或者只是因为这些课程更难。"且慢！布朗所构想的大学系统的管理原则不是学生的自主选择吗？他如此不厌其烦地强调这个重要假定，宛如将国家的高等教育遗产全部押在了学生选择上。如果学生认为学医值得，即使学医的成本较高，他们仍会坚持学医，大学因而会提供医学方面的各类课程；如果学生认为这些医学相关的课程性价比低，他们就不会选择学医，在这种情况下，医学课程要么学费下降，要么被取消。然而在这里，布朗承认了市场失灵的存在：申请者可能会做出"非理性"的决定。可见,布朗虽然告诉我们,政府机构的"选择"应该让位于学生的"选择",但现在看来,这似乎只适用于某些情况。

　　顺便说一句,这份报告令人沮丧的一点是,即使它指出了非市场因素导致的市场失灵,承认开设某些课程供学生选择学习是符合公共利益的,但它将这些课程局限于科学和技术,只是象征性地承认外语学习可能具有的经济用途。这份报告所理解的社会价值,似乎等同于经济价值:据称这些课程能产生直接的经济效益,所以我们必须有。言下之意,带不来经济效益的科目,尤其是艺术和人文学科,不过是可有可无的点缀。如果学生愿意使用抵用券来学习这类科目,那就去学好了;若不愿意,那么开设这类课程就不会产生任何公共利益。尽管这份报告偶尔(极其偶尔)提及"文化",但它在逻辑上并未承认文化价值的独有地位。报告中的总体声明宣布了高等教育的真义,语气中透露出惊人的自信和豪迈的气势:"高等教育很重要,因为它推动创新和经济转型。高等教育促进经济增长,而经济增长促进国家繁荣。"正当你以为接下来会看到更为宏大开阔之物时,却被迎头泼下一盆冷水:"高等教育很重要,因为它改变了个人的生活。走出校园,大学毕业生更有可能找到工作,更有可能享受高薪,有更高的工作满意度,也更容易跳槽。"这份报告对大学作为教育发生之地未展露出任何真正的兴趣；大学只是被简化为经济繁荣的引擎、让未来雇员获得高薪的培训机构。

人们眼中的高等教育的职能即在于此。然而，依布朗的看法，目前高等教育并没有很好地履行这一职能，因为它没能"满足商业需求"。例如，报告指出，"英国工业联盟（CBI）发现，48％的雇主对他们雇佣的大学毕业生的商业意识不满意。"天哪，难不成有些大学还没举办强制学生参加的每周一次的"商业意识日"吗？莫担心，布朗的提议会解决这个问题。大学所开设的课程中，只有能够带来高薪工作的课程才能留存下来，以此确保其所培养的毕业生，正是高薪雇主想要的那种。话说回来，反正很多学生将亲身体验企业的失败，他们通过观察这些企业如何被迫应对市场份额的下降，就能发展出更多的"商业意识"了。

毋庸置疑，大学不是企业，它们不是在市场中运作的（这并不是说，大学不需要良好的财务管理，或无须善用主要由公众给予的资源）。从历史上看，英国的大学一直属于国家文化机构，它们更像大英博物馆或英国广播公司，而不像英国家居连锁店或英国石油公司。诚然，所有类比都可能产生误导性，但此番明喻不算太离谱，甚至具有一定的准确性。当然，英国大学的文化属性，的确使它们容易受到政治风尚的影响，这种影响不仅体现在经费的波动上，也体现在近来无休止的评估狂热上。故而有人认为,那些地位更高、经费更足的英国大学的"私有化",倒不失为一个好办法,这将使其从国家的高压管控中得以解脱;还有人则或公开或隐秘地希望,采纳布朗的建议将加速英国大学的私有化。尽管现行制度无谓地妄称所有被称为大学的机构都履行着同一套职能,但我们不该自欺欺人,以为仅仅让 18 岁的申请者去其自主选择的大学兑现学费抵用券,就一定会促生多样化、高质量的教育机构。

2

《布朗报告》对高等教育的公共品格的破坏之大,令人震惊。然而,从另一个角度来看,这倒也并不令人惊讶。尽管这份报告被描述为"一项独立的评估",但它不太可能发布一组与现任政府的思路相左的建议,免遭政府无视。目前,联合政府①煽动起人们对公共财政赤字的狂怒,并以此为幌子攻击所有公共品的供应,其背后的意识形态昭然若揭。可想而知,这份报告几乎不可能提出与政府即将在《当前开支审查》中发起

---

① 2010 年的英国大选中,没有任何单一政党取得下议院超过半数的席位,因此形成悬峙议会的局面。当年 5 月 11 日,保守党与自由民主党达成联合政府协议,这是英国自"二战"以来诞生的首个联合政府,保守党党魁大卫·卡梅伦出任首相,自由民主党党魁尼克·克莱格出任副首相。

的攻击相冲突的建议。因此，布朗提前挥动了斧头，他要做的不是削减大学用于教学的公共开支，而是几乎完全废除了这项开支。新成立的高等教育委员会将继续执行一些次要的职能，但政府似乎要为这个机构拨款7亿英镑。该报告最引人注目的地方在于，几乎全部教学拨款（约32亿英镑）都返还给了财政部。英国大学的一些代表，对《当前开支审查》中可能提出的大规模削减的后果感到不寒而栗，他们似乎把希望寄托在布朗身上，认为他是把钱投入高等教育的唯一途径。当下固然令人绝望，但我们或许不能轻言放弃，而要继续申辩，为大学争取足够的公共经费。我们必须认识到，《布朗报告》不是《当前开支审查》的替代方案，更非其解药：它们相辅相成，是政府精心策划的两副面孔，旨在使高等教育服从于"市场纪律"，进而重塑这个国家的高等教育。

布朗把他的提议呈现为一个整体，并以单一的逻辑贯穿之。他在采访中也引人注意地坚称，任何人都不该试图拆解这个整体。不过，文斯·凯布尔（Vince Cable）、大卫·威利茨（David Willetts）等国会议员及其同僚，还是在严格选择的基础上采纳他的建议为妥。学费显然会上涨，在这种情况下，《布朗报告》提出的还款方案要比目前的还款制度更可取：薪酬较高的毕业生按比例支付更多，薪酬较低的毕业生按比例支付更少。至于学生的生活费，该方案同时提供统一贷款和针对低收入家庭的一笔丰厚的补助金，这一组合将惠及家境困难的学生。此外，报告指出，非全日制学生必须与全日制学生有同样的资格（按比例）享受学费资助；这一规定的阙漏，是2004年立法的一个重大缺陷。在这些方面，布朗方案的一些细节是相当先进开明的。

然而，细节归细节，这份报告在大方向上的荐策存在失误。政府若取消拨给高校的整笔经费，并奢望由大学申请者操控的市场机制取而代之，此举在短期内对英国大学可能造成难以估量的损害。目前，政府的整笔拨款不仅以实际行动表达了公众对英国大学提供优质教育的关切，也使得英国大学有足够的财力对其所教授的科目进行明智选择。自由民主党的议员们在议员投票厅（division lobbies）中出卖自己的灵魂之前，他们需要考虑，这份报告所基于的那种论证若被付诸实施，将会对英国的教育和文化造成怎样的长期后果。这里，最要紧的不是这个或那个毕业生群体是否会为他们的学费支付多一点或少一点的问题，尽管这似乎是最能左右选举的因素（对处于边缘席位的政党来说尤其如此）。最要紧的问题是，大学将何去何从，它们能否在公众的资助下发挥公共文化的作用，还是变本加厉地走向市场化，被人们从纯经济学的角度去计算价值、从纯个人主义的"消费者满意度"这一观念所重新定义。[1]

《布朗报告》建议取消所有对艺术和人文学科教学的直接公共资助,将所剩不多的公共资助留给科学和技术学科。在采纳这一提议的精髓时,联合政府强调,将从所有学科中撤出相同水平的经费,但鉴于科学与技术学科的教学成本较高,这些学科需要一部分公共资金进行直接资助,而不像艺术和人文学科那样,全部由新缴的学费来资助其教学成本。在此之前,上届政府决定以削减人文学科经费为代价,确保有足够的经费专门用于科学学科的研究。为了揭示这些决策的古怪逻辑,并提醒各个学科的代表们所拥有的共同目标,我发表了一篇简短的半开玩笑的恶搞文章,想象一下如果这些事项的优先级被逆转,情况会是什么样子。

政府高等教育提案的一个核心特征,是完全撤销对科学和技术学科教学的资助。提案认为,艺术、人文和社会科学的课程对社会福祉至关重要,因此,教学预算中剩余的少量经费将用于资助这些学科。

据说该政策与政府对经济增长的强调是一致的。受过教育的、随机应变的、有创造力的劳动力,对各个经济部门都至关重要,而人文教育对培养这些素质方面所做的贡献,大家都有目共睹。升至大公司高层的人，大多在大学阶段修过这些课程，公司的招聘政策也继续证实了文科毕业生对公司的价值。

除了经济增长这一目标，政府也非常强调公民奉献、文化素养、国家认同、民主社会的公民责任和义务等问题，因此自然希望将大量可用资源用于支持人文学科的发展。研习历史学、哲学、文学和政治学等学科，使公民能够更好地将当前的问题置于宏大的框架中，解决看似合理的主张背后所隐藏的不合理的预设，警惕语言的力量，并理解英国在广阔世界中的地位及其复杂性。

政府最终决定将经费集中用于人文学科，此举不足为奇。要知道，政府部门的部长们绝大多数都是文科出身，他们当年在大学里就念人文学科，十分了解这类学科有助于培养清晰的思维能力、细致的分析能力和流畅的表达能力，这些素质和能力是他们日后取得职业成功的基础。这可能也解释了为什么他们经常嘲笑某些科学学科开设的"米老鼠"课程，还嘲讽这些领域的博士生从事的（受美国学界所启发的）课题过度专业化、过度理论化。

当下，人们只承认人文学科的重要性和实用性，而忽视科学与技术学科的价值。这样的一边倒之势，使科技学科沦为英国高等教育的"灰姑娘"，也给这些学科的捍卫者带来了严峻挑战。对此,科学的支持者在回应中争辩道,"两种文化"的思维模式既引人误解,又不合时宜。他们认为,所有学科都培养了我们的智力和想象力;而且,倘若我们不理解自然法则、物质的性质等,那么我们从人文学科中获得的许多洞见和剖析,就无法在世界上发挥应有的作用。

有些科学的支持者咄咄逼人地指出,《布朗报告》发布后,政府决定将全部经费都拨给人文学科,这一决策暴露了政府对人文学科缺乏信心,不相信它们可以凭借自身的影响力吸引最优秀的年轻人。试想一下,人文学科要是既有内在吸引力,又对社会有益,那岂不是申请者趋之若鹜?政府若果真如它自称的那样相信学生的选择,那么它应该乐于见到学生们涌向科学,即使有些课程(比如天文学或理论物理)无法直接为就业做准备。必须承认,近年来有几所大学不得不关闭化学系或物理系,理由是学生需求不足。然而,科学的拥护者认为,被关闭的学系与某些高校的现代语言学系面临的困境一样,与其说它反映了这些科目的可有可无,不如说它反映了国家课程的结构有问题。

善于反思的科学代言人则意识到,在为科学进行辩护时,若将论据完全放在其对物质繁荣的贡献上,只会适得其反。这不仅因为,诸如神经科学或纯数学之类的学科对经济增长的直接贡献难以被证明——与道德哲学或媒体研究等更为实用的学科相比,尤其如此。更确切地说,科学的性质和目的,远非经济繁荣这一论题所能涵盖。我们不断寻求对人类世界的全面了解,我们同样也有无穷的动力寻求对物理世界的全面了解。这一探索活动,不能以眼前的经济利益为导向,也不能被恣意干预或束缚。说到底,科学表达了心灵对秩序的探索,以及人类在宇宙中自我定位的需要。

对于上述事实,受过高等教育的部长们不仅一无所知,还固执己见地以牺牲其他学科为代价来支持某些学科,这样莫名其妙的决策令人难以置信。也许,为科学代言的人需要发起一场更广泛的运动来争取公众支持,而不是一味被政府关于提高 GDP 的限制性议程所裹挟——这并非解决之道。相反,他们应该充分利用公众对科学探索的兴趣和好奇心,发挥这一资源的巨大优势。公众的科学热情,从他们对公开讲座、小组讨论、广播谈话、电视节目等的热切回应上,便可见一斑;他们对科学展现出来的兴趣和好奇心,丝毫不亚于他们对文史哲的兴趣和好奇心。诚然,相比诸如文学批评或艺术史之类的人文学科,有些科学科目可能对智力的要求更低,但我们应该认识到,许多聪明的中学六年级①学生愿意选择学习这些

---

① 中学六年级,英文是"six-form",是英国中学教育的最后两年,包括"lower sixth"和"upper sixth"两个年级,大致对应中国的高二和高三,学习内容是 A-level课程。

科目。况且,呼吁政府为大学里的这类理科提供经费,不仅事关这一代人,也将惠及下一代人。毕竟,未来的父母不会希望他们的孩子以后只能学习人文学科或与职业直接相关的学科。

反过来,人文学科的代表们不应该因为过去一直享受政府专款,就变得恃宠而骄、唯我独尊,期待未来继续独享优待。他们应该认识到,为了持续开展跨多个领域的教育与研究活动,人文学科亦需获得民众的广泛支持。没有人愿意看到,英国国家学术院或艺术与人文研究理事会将皇家学会或科学研究委员会视为略逊一筹的同类机构,人们更不愿看到,前者将后者视为在争夺经费上需要力克的竞争对手。公众对科学教育的投资是文明社会的一个标志。目前的这份建议书,以直接牺牲科学的发展为代价来支持人文学科,这将在多个方面损害英国高等教育的未来。如此目光短浅的规划,难道真的会被付诸实践吗?若果真如此,抗议肯定是必不可少的了。团结起来吧,全世界的理科呆子们——你们没什么可失去的,除了你们的呆气。

2010 年 11 月 30 日

跋语:复杂的遗产

　　这本小书并不试图为高等教育的本质和功能提供全面的剖析,也没为其获得经费而提出新的议案建议,而是批判性地参与了围绕大学的一系列假设和政策而展开的讨论。由此,本书力图提出一些更好的讨论起点,以及一套更恰切的讨论语言。它主要聚焦于这样一个观点:为了扩展和加深人类的理解,大学提供了一方人类奋斗的园地。大学所促进的人类理解,既受到规矩约束,同时也不可限制。这一育人事业能产生许许多多有益的副作用——在某种程度上,帮助学生开发、完善他们自己的理解力,既是大学的核心职能,也是其附带结果。公共辩论往往集中于那些偶然的、临时的附带结果。有鉴于此,本书对大学的这些附带效益展开了稍具质询性的剖析,并认为我们对大学所做的辩护,扭曲了或者凌驾于描绘大学性质这一更为重要的任务。最后,尤其在第二部分,本书特意回顾了最近几十年里某一提案或者政策首次被公众讨论的某些时刻，以此凸显人们对大学持有的基本假设的连续性及其破坏性后果，进而强调，我们需要不断批判和挑战这些假设。值得重申的是，批判未必总是"消极否定的"，它可以成为一种媒介，让更充分、更适当的原则渗透到公共辩论之中；如此一来，大多数读者会感到这类辩论更具参与性、更引人入胜——更重要的是，它比那些用高度抽象化、系统化的术语所做出的分析更有说服力。

不过，尽管第二部分所讨论的种种提案之间存在内在的连续性，但随着人们对大学自主权的蓄意攻击不断加剧，这些章节也见证了一个加速变化的过程。譬如，大部分科研经费现在都局限于所谓的"国家重点项目"，由政府——而不是相关领域的研究者——来判定何谓有"价值"的研究课题。政府直接干预，在二十年前根本不会有人赞同。同样，商业优先权的实施，要求高校应服务于企业、满足企业的需求；这样的无理要求反映了国民经济的代言人日益增长的自信，他们拥有不可置疑的合法性，并且相信那些代表文化、才智和教育的人根本无法与之匹敌。在这样的语境下观之，"影响力"并非捍卫它的学者所认为的那样，能够谦虚而明智地证明学术研究所具有的广泛"社会价值"。相反，"影响力"是人们在评价学术研究和科学探索的时候，将非智力标准置于智力标准之上的另一处体现,其用意是将未来的研究,导向能够获得可衡量的经济效益和社会成果的活动。

虽然这种大方向上的变化反映的是更深层的社会力量,而不是某个主要政党的暂时掌权,但了解高校政策如何根据眼下的政治和选举形势而波动,也是至关重要的。自从我完成本书的初稿以来,英国已经发生了一些关键变化。自2010年5月,英国有了一个由保守党领衔的联合政府,新政府不失时机地介入大学事务。它已经采纳了本书第十章中所讨论的《布朗报告》的核心提案,彻底改变了英国大学的筹资方式,尽管目前尚未公布新体系将如何运作的全部细节。从2012年起,教学成本由原来的公共部门直接资助,改为以学费收入为主的间接私人资助(教学成本较高的科学技术学科,将会继续获得额外的政府补贴,但补贴数额减少)。新政府将为大学生提供贷款来支付这笔学费,而一旦学生毕业后的收入超过给定的起始点,政府将通过毕业生的定期缴款来收回这笔支出。目前,无论是政府、大学,还是公众,没有人知道这些变化究竟会产生怎样的结果。这里涉及大量未经检验的设想:对于可能增加的债务,潜在的大学申请人将会做出怎样的反应?如果大学越来越把本科生当作顾客对待,他们对此将做出怎样的反应?大学如何确定收费标准、权责范围、教学内容,以及其他许许多多的事务?可以肯定的是,英国大学的层级化将变得愈加明显。那些最具声誉的顶尖大学将从研究经费和学费中获得更多收入，因此很可能有足够的财力去开设种类繁多的课程，供学生自由选择，而那些不太受人青睐的大学，可能会开设大量职业技能类的课程。此外，除了奖学金计划的目标受益者，被名校的传统文理学院录取的学生，似乎将越来越多地来自富裕的中上层阶级家庭的孩子。在这种体制下，艺术和人文学科将何去何从，以及什么样的"新供应商"会进入"市场"，销售更便宜或许学制更短的学位课程，也都尚未可知。可以肯定的一点是，直接的公共财政资助已经被取消，它不太可能恢复到以前的水平。[1]

在本书的最后，我想重申一下，关于大学的吸引力和重要性的讨论，不应局限于大学的资助方式这一热门问题。如我一再强调的那样，这个问题目前几乎垄断了就大学展开的公共讨论，其所导致的一个危险是，我们几乎不知不觉地陷入一种思维习惯，即完全从"证明公共资助的正当性"这个角度来重新描述科研这一智力活动；于是，这诱发的另一个危险是，我们变得无法摆脱防御性姿态，在陈述立项资助的理由时，我们总觉得会遭到别人的强烈反对或冷漠以对。在当前的讨论气氛中，最令人沮丧的一个特征是人们暗藏的偏见，即大学是一种奢侈品，其存在的理由不太能经得起推敲，而且许多学者将公家的钱花在自己的业余爱好上，比中产阶级福利乞讨者好不了多少。这类隐含偏见，从一些记者和政客的评论中可以察觉出端倪。仅举一例，在围绕提升"影响力"的议案的持续辩论中，人们似乎理所当然地认为，如果有人反对这些（构思拙劣、考虑不周的）提案，那么他们肯定是在表达一种自鸣得意的权利，觉得自己的科研活动理应获得公共资助，无论其是否有价值。以这样的方式进行论辩，几乎注定无果而终，浪费精力。我们需要从别处入手探讨。本书力图提供一些有用的线索，指出从哪些角度切入大学更为合宜。

正如我自始至终试图建议的那样，一个有益的打开方式是，考虑一下我们在学术和科学领域的优秀工作中看重和钦佩的品质是什么，然后思考有利于达成这一品质的条件。大学并不是开展优秀科研工作的唯一场所，即便现在依然如此，然而大学毫无疑问是这类探索活动最为集中的发生地。公众可能过于狭隘地关注大学的教学职能（尤其是本科生教学），视之为更庞大、更复杂的预科学院①。对大多数高校来说，教学当然是最重要的职能，但它远非其全部。重点大学是一个复杂的有机体，里面开展丰富多彩的智力活动、科学活动和文化活动，这些活动的价值和意义不能局限于单一的国家，也不能局限于我们这一代人。大学已经成为一种重要的媒介，乃

————————

① 英文为"sixth-form colleges"，又译"大学预备学院"或（供 16 岁以上学生就读的）"高级中学"，专门指导学生完成高中最后阶段的学业，并准备大学入学考试。

286

至最为重要的机构性媒介，允许我们通过它们来保存、理解、拓展人类的智力遗产、科学遗产和艺术遗产，并将其传给子孙后代。因此，在考虑大学的蓬勃发展所需的条件时，我们不应过于短视，也不应局限于纯粹地方性的视野。

广阔的视野有助于我们清楚地意识到，把经济增长当作压倒一切的价值检验标准是有局限性的。以更长远的眼光来看待大学的历史和未来，促使我们从根本上质疑"为国家的经济繁荣做贡献"这一大学宗旨。譬如，我们需要繁荣到什么程度（以及谁算作"我们"）？值得不惜一切代价实现繁荣发展吗？这样做有什么好处？若要严肃认真地回答诸如此类的问题，我们将不可避免地诉诸非经济的价值。大多数人认识到，这些非经济的价值在他们自己的生活中不可或缺——毕竟，他们不是为了牟利才去关爱自己的伴侣和孩子，就像他们不是为了增加就业才去欣赏美景或自然奇观。然而，正如我所指出的那样，现如今在公共领域呼吁这样的价值观已然变得困难重重，因为公共领域的话语已被个人主义和功利主义包围，主要表达的是融合了个人主义和功利主义的价值观。大学不仅是提出此类重大问题的绝佳场所，它们存在的理据本身就体现了另一套价值观。对这套价值观的关注，有助于我们在纷扰而艰难的处境中牢记，我们只是当代复杂智力遗产的监护人，这些遗产并非由我们创造，亦不该被我们摧毁。

参考文献

引言

[1] John Maynard Keynes, *Essays in Persuasion* (London, Macmillan, 1931), p. 328.

I

1   全球综合大学?

[1] Clark Kerr, *The Uses of the University* (Cambridge, Mass.: Harvard University Press, 5th edn 2001 [1st pub. 1963]).

[2] David Wootton, 'Formal Feelings for History' [review of Neil MacGregor, *A History of the World in 100 Objects*], *Times Literary Supplement*, 24 September 2010, p. 17.

[3] John Aubrey Douglass, C. Judson King, and Irwin Feller (eds.), *Globalization's Muse: Universities and Higher Education Systems in a Changing World* (Berkeley, Calif: Berkeley Public Policy Press, 2009), pp. 5 - 7.

2   英国的大学:一段简史

[1] 参见 Duke Maskell and Ian Robinson, *The New Idea of a University* (London: Haven Books, 2001)。

[2] Sheldon Rothblatt, *Tradition and Change in English Liberal Education: An Essay in History and Culture* (London: Faber, 1976), p. 205.

[3] Walter Rüegg (ed.), *A History of the University in Europe*, Vol. Ⅲ: *Universities in the Nineteenth and Early Twentieth Centuries* (1800 – 1945) (Cambridge: Cambridge University Press, 2004), p. ii.

[4] Cristina Gonzalez, *Clark Kerr's University of California: Leadership, Diversity, and Planning in Higher Education* (New Brunswick, NJ: Transaction, 2011).

3   有用与无用之争:纽曼思想重探

[1] Department of Business, Innovation, and Skills, *Higher Ambitions: The Future of Universities in a Knowledge Economy* (London: HMSO, 2009), p. 9.

[2] John Henry Newman, *The Idea of a University*, ed. Frank M. Turner (New Haven: Yale University Press, 1996), p. 282. (除非另有说明,本书

所引用的纽曼的表述皆出自该版本，不再单独标注页码）

[3] Jaroslav Pelikan, *The Idea of a University: A Re-examination* (New Haven: Yale University Press, 1992), p. 9.

[4] Kerr, *The Uses of the University*, p. 15.

[5] Ian Ker 编辑的注释版《大学之理念》(*The Idea of a University*, Oxford: Clarendon Press, 1976)提供了该书完整的版本目录史。

[6] 这是纽曼本人在 1833 年的记录，当时他正在考虑是否担任牛津大学道德哲学系主任；转引自 Ian Ker 的 *John Henry Newman: A Biography* (Oxford: Oxford University Press, 2009 [1988 年首版]), p. 90。

[7] 详见 Asa Briggs, 'Oxford and its Critics, 1800–1835', in M. G. Brock and M. C. Curthoys (eds.), *The History of the University of Oxford*, Vol. Ⅵ: *Nineteenth-Century Oxford* (Oxford: Oxford University Press, 1997), part 1, pp. 134–45。

[8] 转引自 Rothblatt, *Tradition and Change in English Liberal Education*, p. 186。

[9] H. S. Jones, *Intellect and Character in Victorian England: Mark Pattison and the Invention of the Don* (Cambridge: Cambridge University Press, 2007), p. 9.

4   人文学科的品格

[1] J. H. Plumb (ed.), *Crisis in the Humanities* (Harmondsworth: Penguin, 1964).

[2] 近期针对这些讨论所做的有用解读，参见 Louis Menand, *The Marketplace of Ideas: Reform and Resistance in the American University* (New York: Norton, 2010).

[3] E. P. Thompson, *The Making of the English Working Class* (London: Gollancz, 1963); Frank Kermode, *The Sense of an Ending: Studies in the Theory of Fiction* (New York: Oxford University Press, 1967); John Rawls, *A Theory of Justice* (New York: Oxford University Press, 1971).

[4] A. C. Bradley, *Shakespearian Tragedy* (London: Macmillan, 1904).

[5] Thomas Mann, 'Nietzsche's Philosophy in the Light of Recent History' (1947), in *Last Essays*, trans. Richard and Clara Winston and Tania and James Stern (New York: Knopf, 1959).

[6] Sir Adam Roberts, introduction to *Past, Present and Future: The Public Value of Humanities and Social Sciences* (London: British Academy, 2010).

5   最远大的抱负和理想：作为公共品的大学

[1] Thorstein Veblen, *The Higher Learning in America: A Memorandum on the Conduct of Universities by Businessmen* (New York: Huebsch, 1918), p. 34.

[2] Samuel Beckett, *Worstward Ho* (London: Calder, 1983), p. 47.

［3］John Adams，来自 1785 年的一封信，转引自 Andrew Delbanco，'The Universities in Trouble'，*New York Review of Books*，14 May 2009.

［4］Martha Nussbaum，*Not for Profit: Why Democracy Needs the Humanities* (Princeton：Princeton University Press，2010).

［5］*Leading the World: The Economic Impact of UK Arts and Humanities Research* (London：AHRC，2009)；以及 *Past，Present and Future: The Public Value of Humanities and Social Sciences* (London：British Academy，2010).

［6］Gordon Graham，*Universities: The Recovery of an Idea* (Exeter：Imprint Academic，2002)，p. 59.

［7］Bill Readings，*The University in Ruins* (Cambridge，Mass.：Harvard University Press，1996).

［8］John Maynard Keynes，'National Self-Sufficiency'，*New Statesman and Nation*，8/15 July 1933.

Ⅱ

序　曲　倡议的时机

［1］John Stuart Mill (1833)，in *The Collected Works of John Stuart Mill*，ed. J. M. Robson，33 vols (Toronto：University of Toronto Press，1963–91)，vol.1，p.372.

［2］W. B. Carnochan，*The Battleground of the Curriculum: Liberal Education and American Experience* (Stanford：Stanford University Press，1993)，pp. 5–6.

6　　文献计量学

［1］Robert Jackson 关于"高等教育中'人力规划'问题"的讨论报告，in Stuart Maclure，'A Nudge Towards the Market-Place'，*Policy Studies*，9 (1989)，11–18。

［2］详见 Michael Boon，'His Kampf: The Muddle at the UFC'，*Public Money and Management*，11 (1991)，33–4.

7　　与企业类比

［1］关于这一表达的复杂历史，参见 S. T. Coleridge，*Aids to Reflection* ［1825］，ed. John Beer (Princeton：Princeton University Press，1993)，p. 141，11. 21.

［2］Michel de Montaigne，*The Complete Essays*，ed. M. A. Screech (Harmondsworth：Penguin，1993)，Essay XX.

8　　英国高等教育公司

［1］John Carswell，*Government and the Universities in Britain: Programme and Performance 1960–1980* (Cambridge：Cambridge University Press，1985)，p. 38.

[2] *Higher Education: Report of the Committee Appointed by the Prime Minister under the Chairmanship of Lord Robbins 1961 – 63*, Cmnd. 2154 (London：HMSO，1963)，p.178.

10　布朗的冒险

[1] 这篇文章在《伦敦书评》上首次发表时,就引发了时任大学与科学部长的大卫·威利茨的回应(他的回应虽然没有说服力,但他彬彬有礼、仔细论证的态度令人赞赏)。威利茨的回应文章,详见'The Arts, Humanities and Social Sciencesin the Modern University', https：//www. gov. uk/government/speeches/the-arts-humanities-and-social-sciences-in-the-modern-university(于 2022 年 9 月 8 日访问)。

跋　语　复杂的遗产

[1] 本书完成之后,政府的白皮书《高等教育:学生在教育系统中的核心地位》于 2011 年 6 月底出版。针对这份报告的假设和论证所做的深入批判分析,参见我发表在《伦敦书评》上的评论文章'From Robbins to McKinsey, *London Review of Books*, 33：16 (25 August 2011)，pp. 9 – 14。

致　谢

　　大学是讲求高度协作的地方。在本书的写作过程中，我获得的支持和鼓励可能比之前所写的任何一本书都多。这些鼓励和支持来自我的朋友和同事，其中包括来自英国其他地方和世界其他地方的同道中人。此处无法一一致谢，但我希望这本书的题献能传达我的感激之情，感谢天南海北的你们与我讨论问题、切磋学术。感谢我的经纪人，罗杰斯、柯勒律治和怀特文学代理公司的彼得·罗宾逊（Peter Robinson），以及我的编辑，企鹅出版集团的亚历克西斯·基施鲍姆（Alexis Kirschbaum），他们给予我各种各样的实际帮助。我最感激的是那些阅读、批评并不断改进这本书的朋友，他们是彼得·克拉克（Peter Clarke）、安吉拉·莱顿（Angela Leighton）、露丝·莫尔斯（Ruth Morse）、杰里米·米诺特（Jeremy Mynott）、海伦·斯莫尔（Helen Small）、约翰·汤普森（John Thompson）和唐纳德·温奇（Donald Winch）。

　　这本书的大部分内容以前从未以任何形式出版过。引言、第一章到第五章、第二部分的序曲，以及本书的跋语均为首次发表，只有第二章的一些段落是根据 2003 年发表于《伦敦书评》上的一篇文章修改而成，第四章的结论部分曾以不同的版本发表于 2009 年 10 月的《剑桥文学评论》上。不过，如我在正文中明确指出的那样，本书第二部分的章节大多以较早的版本发表过。第六章首次发表于 1989 年 2 月的《泰晤士报高等教育增刊》上（《英国往事》一书也收录了这篇文章）。第七章的前三节的内容源于 2000 年 4 月我在英国广播公司第三台参加的一档谈话节目，之前未曾见刊；第四节中的一段话摘录于《英国往事》一书，该节最后的几个段落曾发表在 2006 年的《剑桥大学校友杂志》上。第八章最初发表于 2003 年 12 月的《伦敦书评》上（我的著作《公共阅读》收录了这篇文章）。第九章发表于 2009 年 11 月的《泰晤士报文学增刊》上。第十章的大部分内容发表在 2010 年 11 月的《伦敦书评》上；该章的最后一节于 2010 年 12 月发表在《卫报》的网络版上。感谢这些刊物的编辑和出版商，谢谢他们允许我在此重新使用这些材料。